JN116472

お父様、お母様、
お元気ですか？ 僕は元気です。

親子の書簡にみる学童集団疎開（昭和19年～昭和20年）

田中健之 編著

アジア新聞社

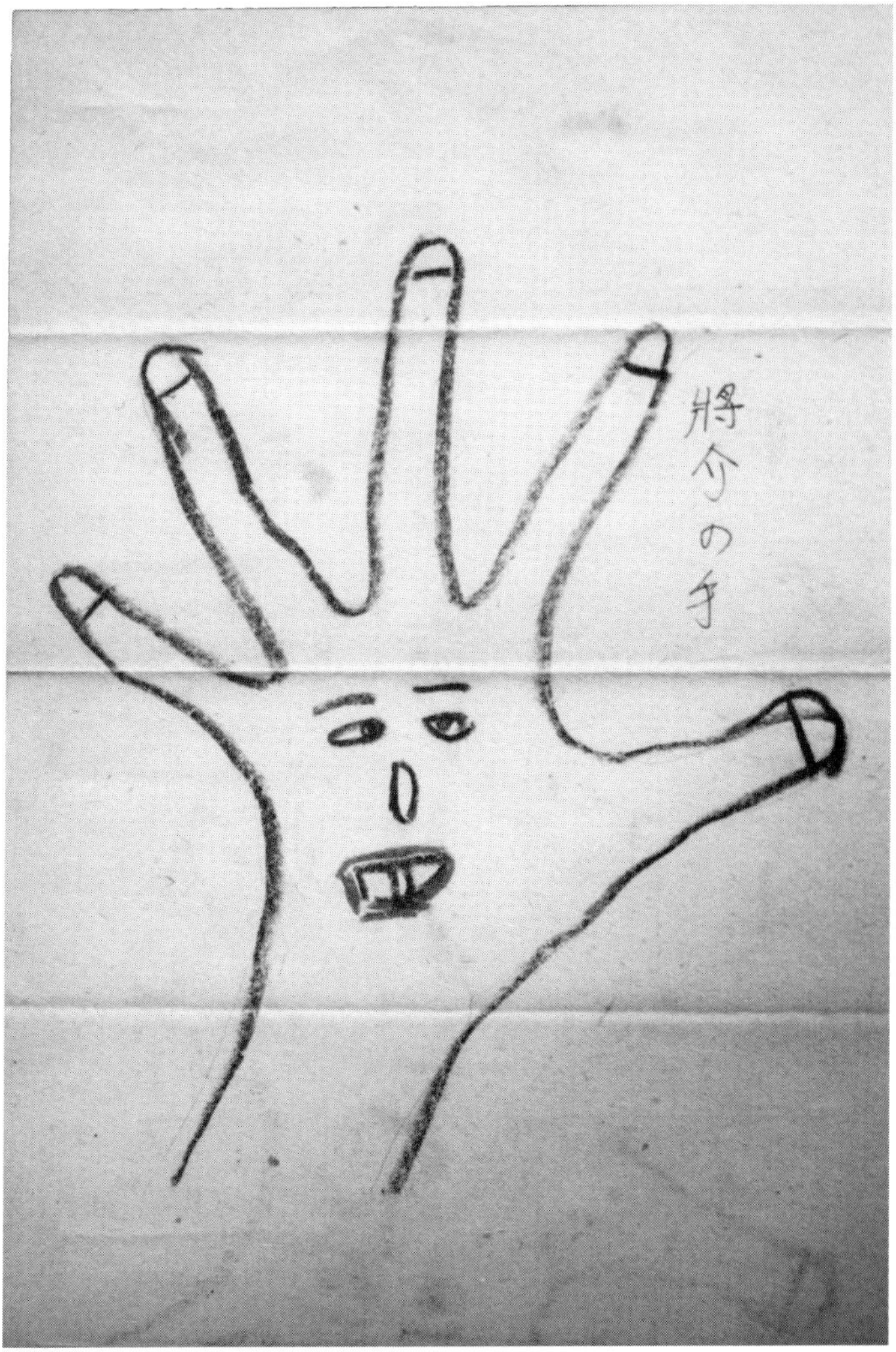

勇宛ての手紙には、母が描いた末弟將介の手の絵が添えられていた
（昭和 19 年 11 月 2 日付）

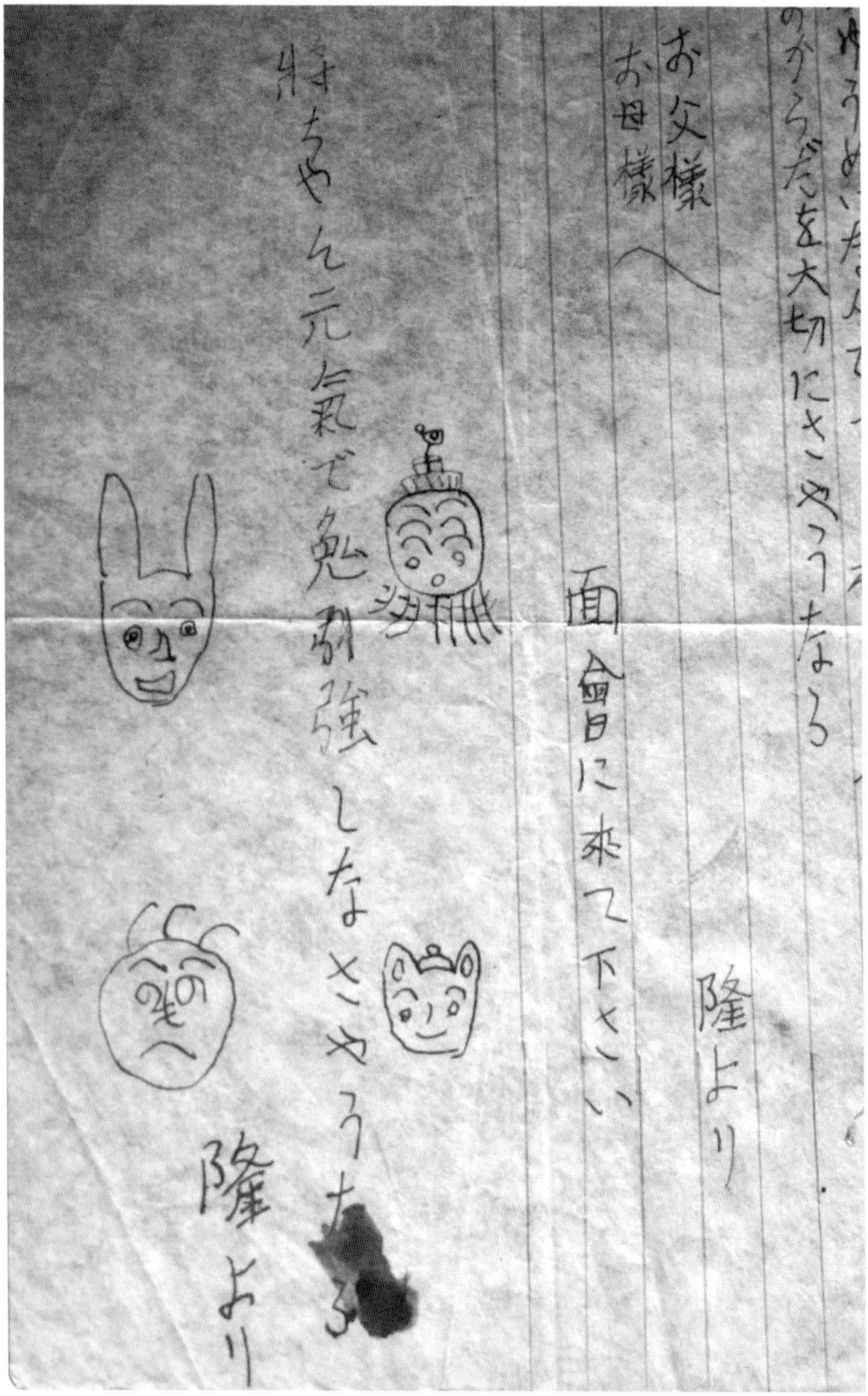
ゆうめいな人で
のからだを大切にさやうなら
お父様
お母様へ
面會に来て下さい、
隆より
将ちゃん元気で勉強しなよさやうなら
隆より

次男隆（庸介）が両親に宛てた手紙
（昭和19年11月17日付）

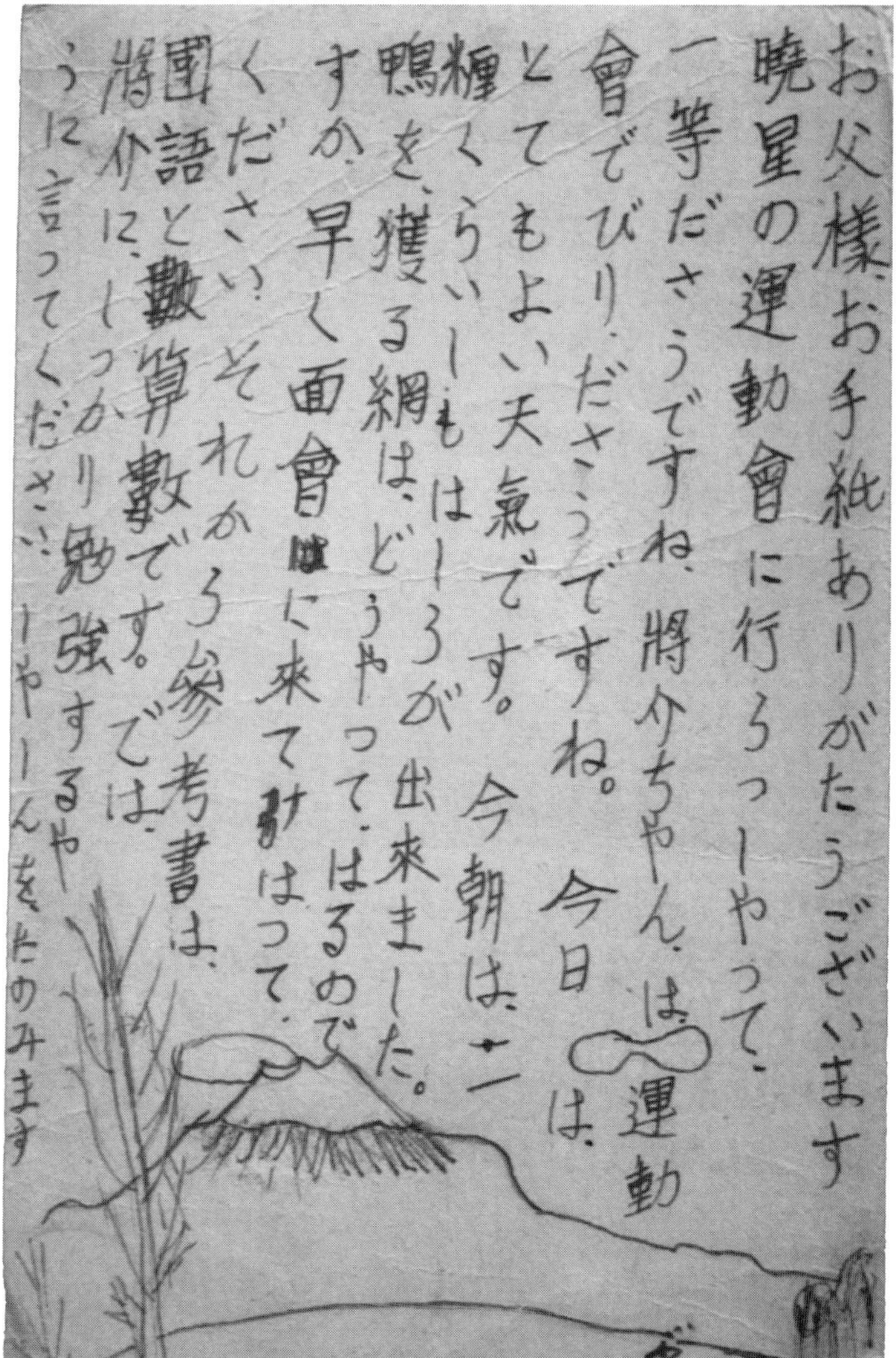
お父様お手紙ありがたうございます
暁星の運動會に行らっしゃって、
一等ださうですね、將介ちゃん、は運動
會でびり、ださうですね。今日は、
とてもよい天氣です。今朝は、一二
糎くらいしもはしろが出來ました。
鴨を獲る網は、どうやって、はるので
すか。早く面會に來てはって、
ください。それから參考書は、
國語と算數です。では、
將介に、しっかり勉強するや
うに言ってください。しやーしんをたのみます

疎開先から勇が父宛に送ったはがき
（昭和19年11月18日付）

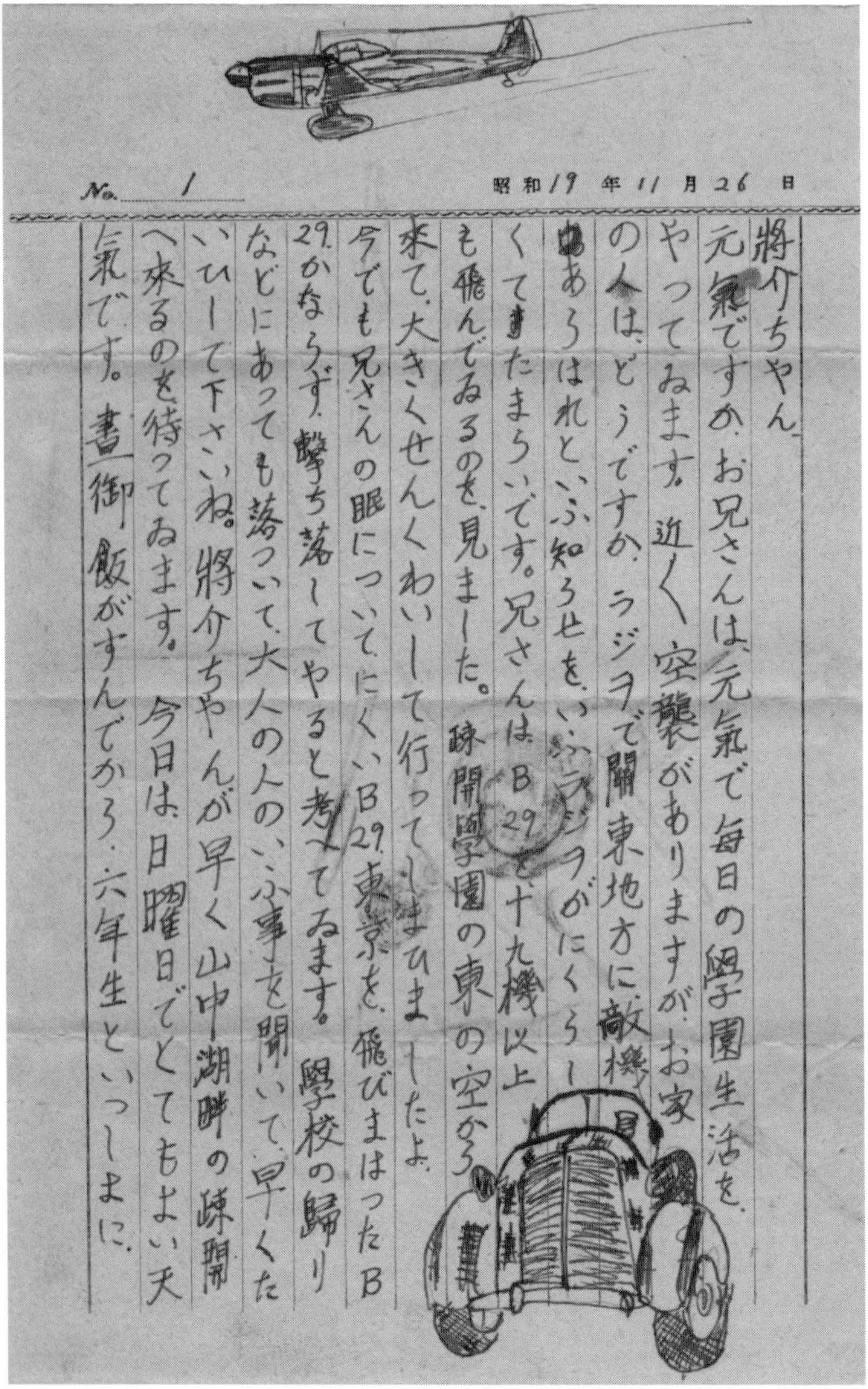

No. 1　昭和19年11月26日

將介ちやん、
元氣ですか。お兄さんは、元氣で毎日の學園生活を、やつてゐます。近く、空襲がありますが、お家の人は、どうですか。ラジヲで關東地方に敵機あらはれと、いふ知らせを、いふラジヲがにくらしくてたまらないです。兄さんはB29と十九機以上も飛んでゐるのを、見ました。疎開學園の東の空から來て、大きくせんくわいして行つてしまひましたよ。今でも兄さんの眼についてにくいB29。東京を、飛びまはったB29。かならず、撃ち落してやると考へてゐます。學校の歸りなどにあつても落ついて、大人の人の、いふ事を聞いて、早くたいひーて下さいね。將介ちやんが早く山中湖畔の疎開へ來るのを待つてゐます。今日は日曜日でとてもよい天氣です。晝御飯がすんでから、六年生といつしよに、

三男將介に宛てた勇の手紙
（昭和19年11月26日付）

No. 2　　　　昭和19年11月26日

デットボールをします
早く將介も將校になって將校生徒
B29を、落してください!
お手紙を待ってゐます
さやうなら お父樣お母樣へよろしく

勇

將介ちやんへ

十一月二十六日午前

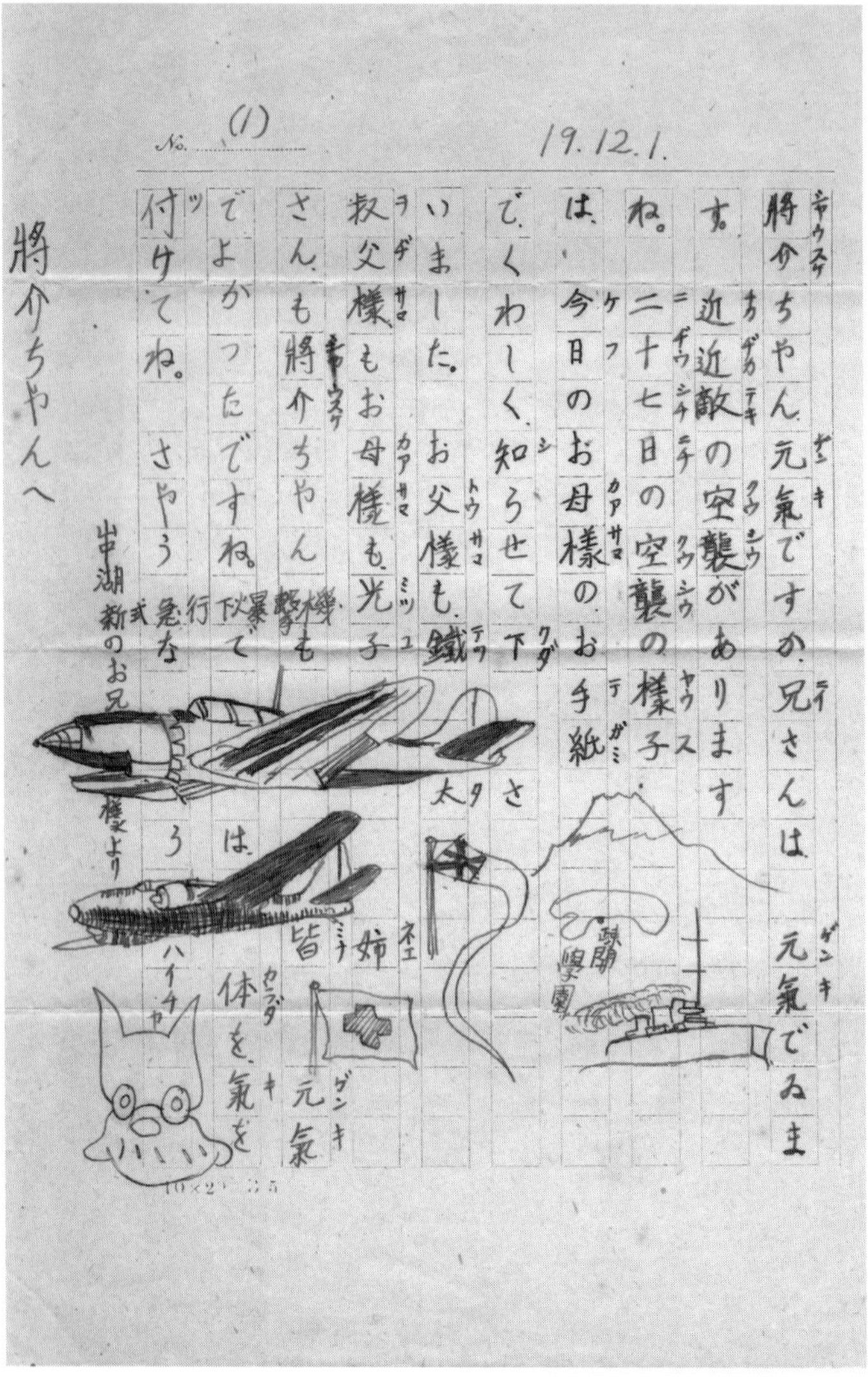

No. (1)　19.12.1.

將介《シヤウスケ》ちやん元氣《ゲンキ》ですか。兄《ニイ》さんは元氣《ゲンキ》でゐます。近近《チカヂカ》敵《テキ》の空襲《クウシウ》がありますね。二十七日《ニジフシチニチ》の空襲《クウシウ》の様子《ヤウス》は、今日《ケフ》のお母様《カアサマ》のお手紙《テガミ》で、くわしく知《シ》らせて下《クダ》さいました。お父様《トウサマ》も鐵《テツ》太《タ》叔父様《ヲヂサマ》もお母様《カアサマ》も光子《ミツコ》姉《ネエ》さん、も將介《シヤウスケ》ちやんも皆《ミナ》元氣《ゲンキ》でよかつたですね。では体《カラダ》を氣《キ》を付《ツ》けてね。さやうなら

湖新のお兄様より

將介ちやんへ

戦争への危機を感じるような内容も多くなる。
陸軍三式戦闘機〝飛燕〟や海軍九六陸上攻撃機のイラストを勇は描いている。
（昭和 19 年 12 月 1 日付）

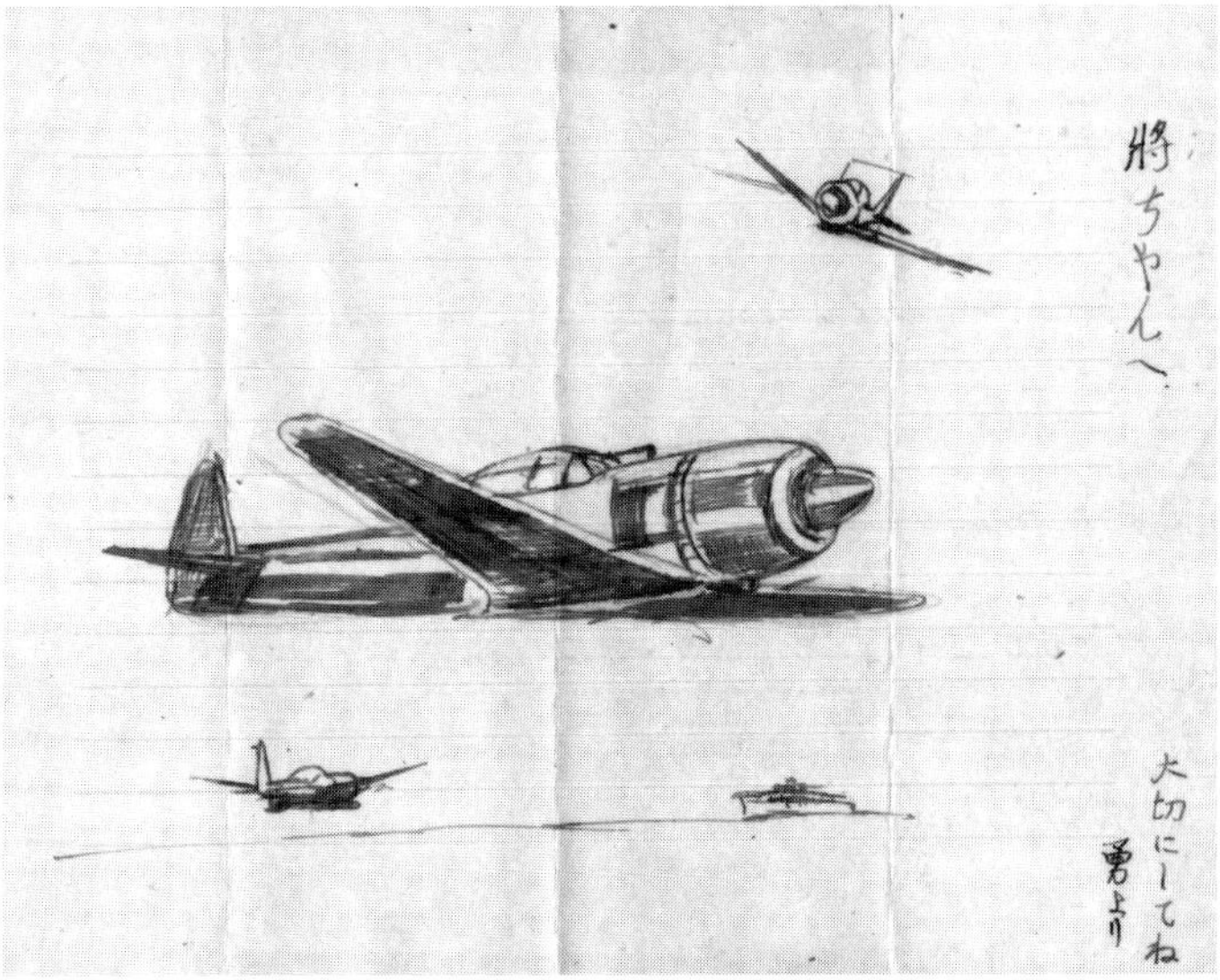

勇が描いた、海軍零式艦上戦闘機の絵

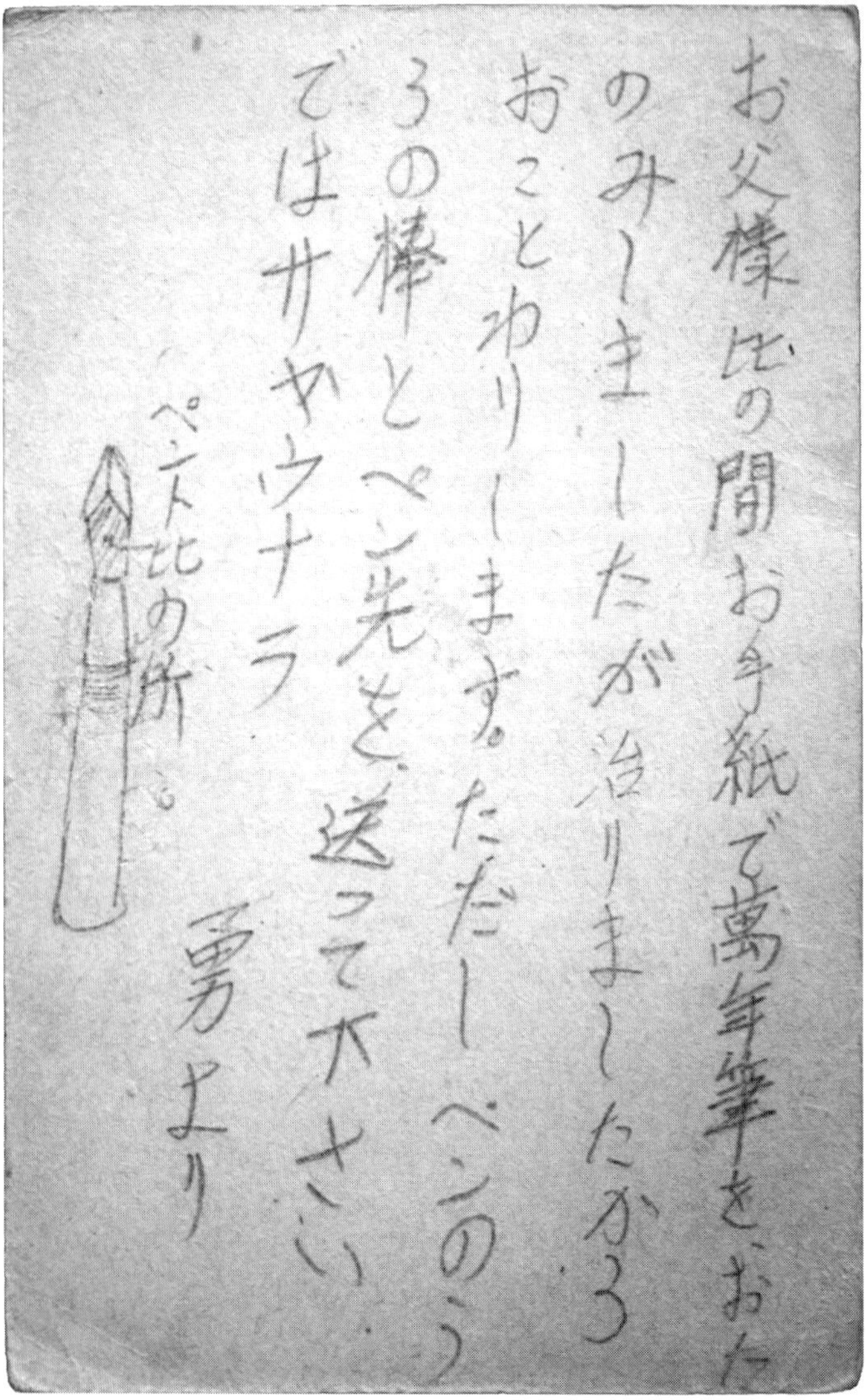
お父様此の間お手紙で萬年筆をおたのみしましたが治りましたかろおことわりします。ただしぺんのうろの棒とペン先を送って下さい
ではサヤウナラ
勇より
ペン此の所

父にペン先を送ってほしいと訴えたはがき
（昭和 19 年 12 月 27 日付）

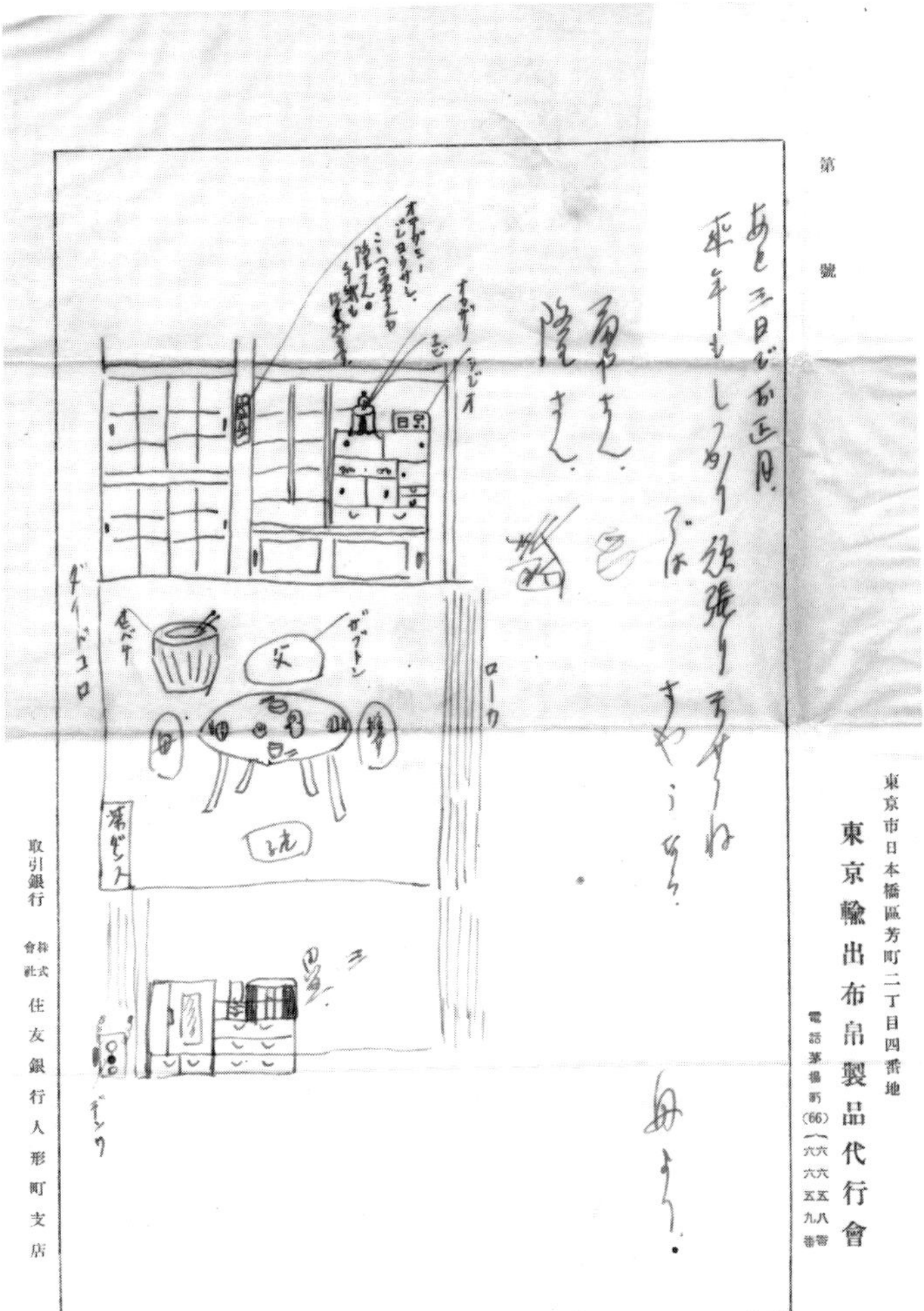

東京の暮らしぶりを伝える母からの手紙

（昭和 19 年 12 月 29 日付）

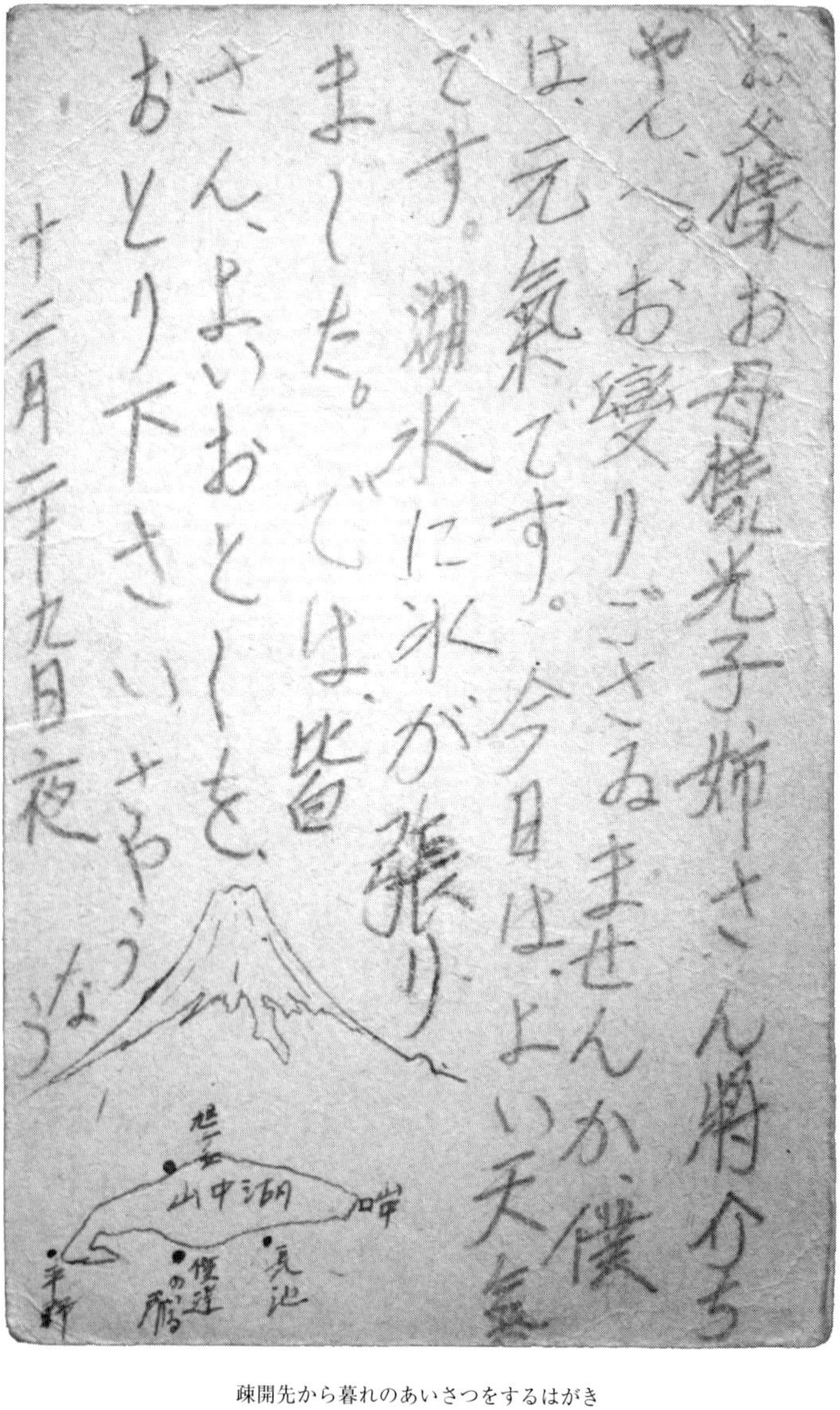

お父様お母様光子姉さん将介ちやん。お変りございませんか。僕は元気です。今日はよい天気です。湖水に氷が張りました。では皆さんよいおとしをおとり下さいさようなら
十二月二十九日夜

疎開先から暮れのあいさつをするはがき
（昭和 19 年 12 月 30 日付）

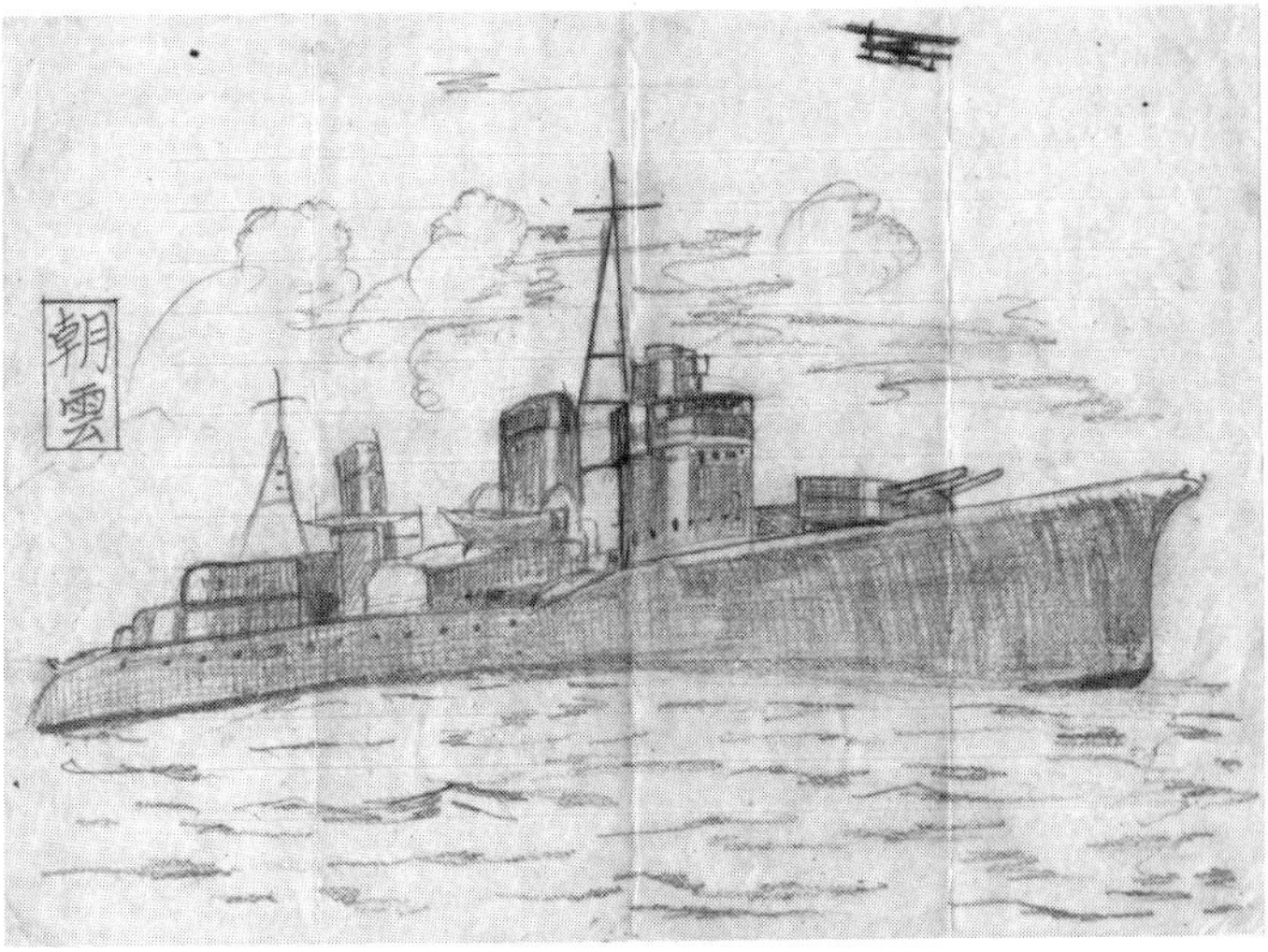

勇が元旦に東京の家族に宛てた手紙に添えられた駆逐艦〝朝雲〟の絵
（昭和20年1月1日付）

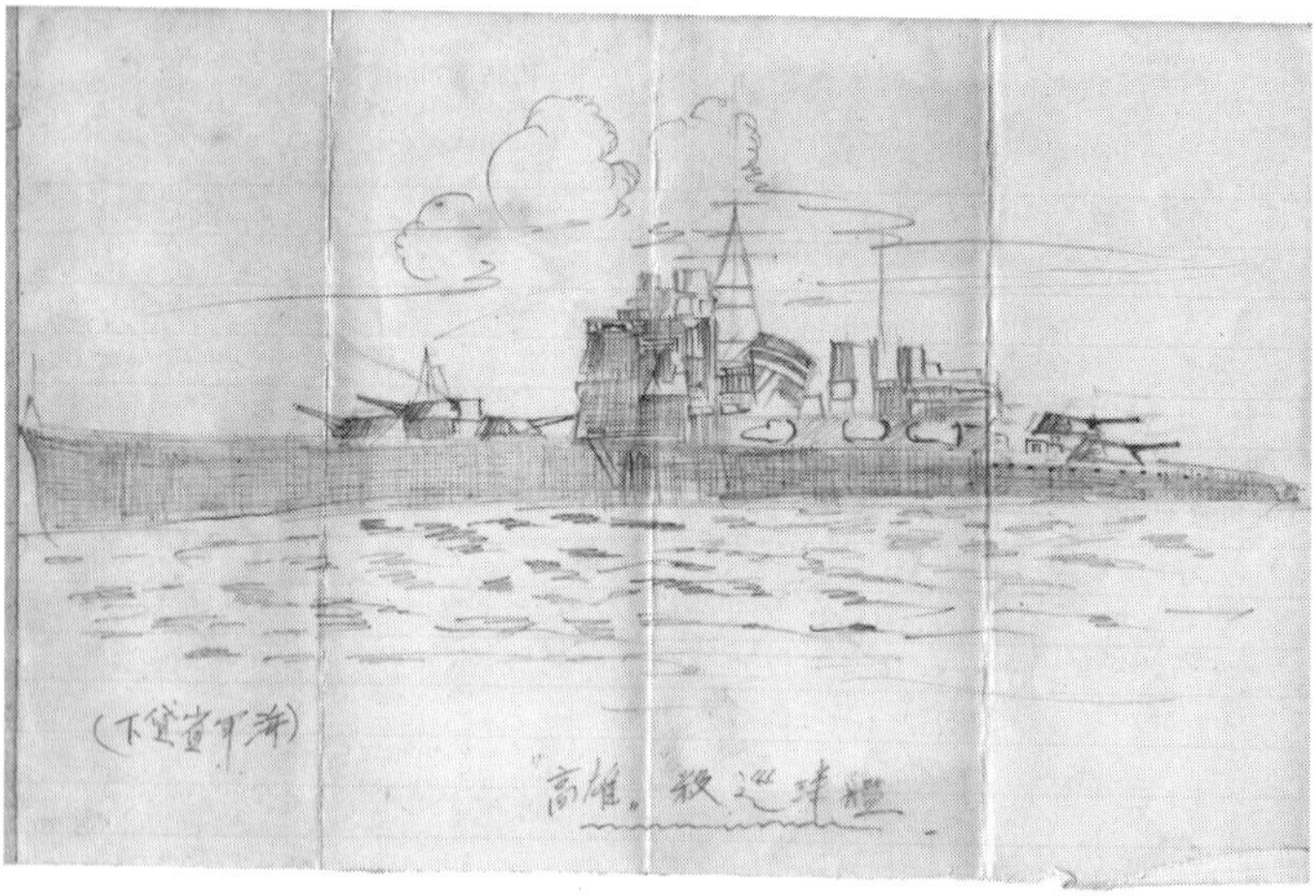

勇が元旦に東京の家族に宛てた手紙に添えられた〝高雄〟級巡洋艦の絵

(昭和 20 年 1 月 1 日付)

手紙に添えられた戦闘機のエンジンと九七式中戦車の絵
（昭和 20 年 1 月 20 日付）

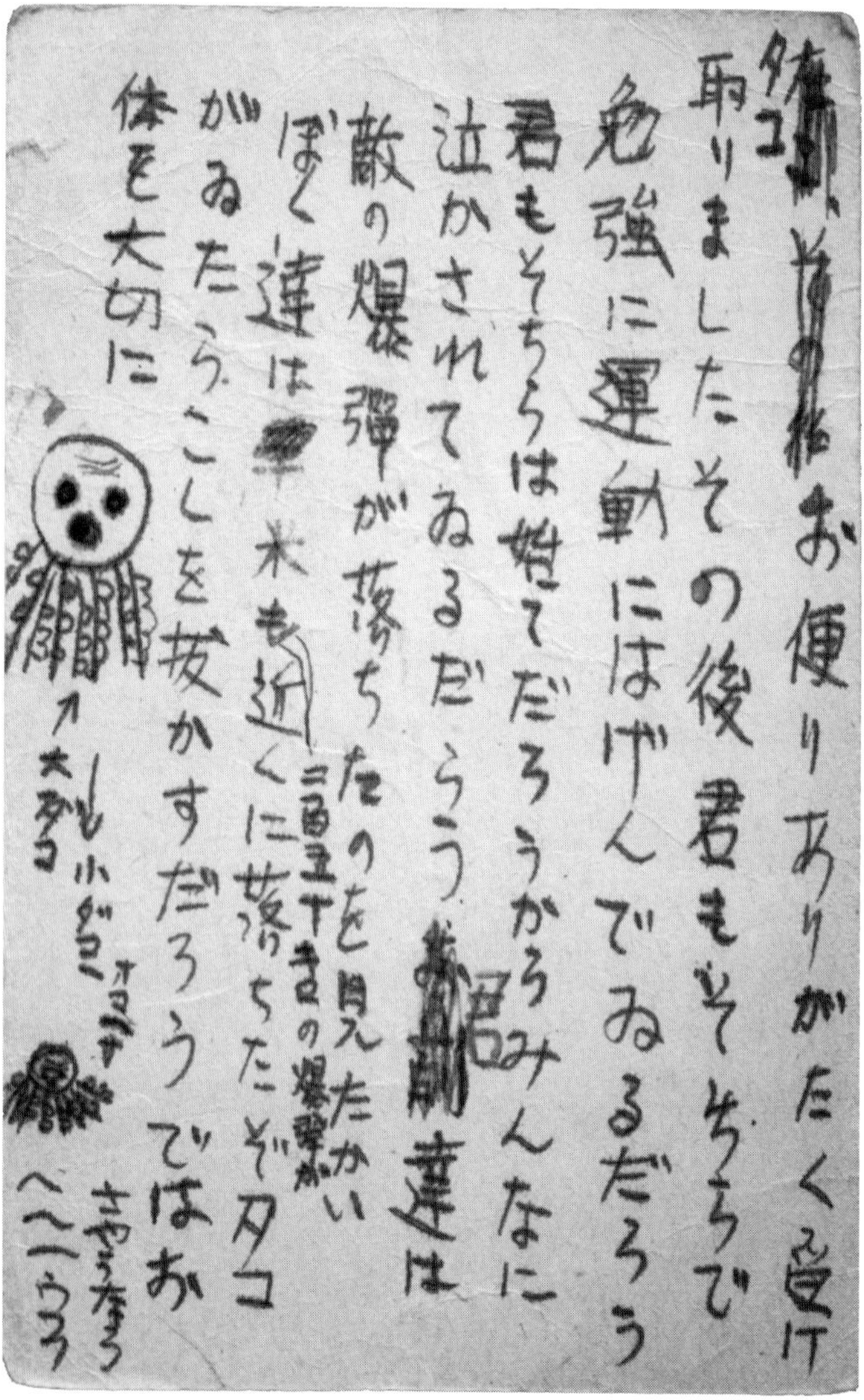

タコ[redacted]お便りありがたく受け
取りました その後 君もそちらで
勉強に運動にはげんでゐるだろう
君もそちらは始てだろうから みんなに
泣かされてゐるだらう [redacted]達は
敵の爆弾が落ちたのを見たかい
ぼく達は[redacted]木も近くに落ちたぞタコ
二百五十キロの爆弾が
がゐたらうこしを抜かすだろう ではお
体を大切に さやうなら

戦況のようすを伝える友人からのはがき

（昭和 20 年 2 月 2 日付）

平穏なひとときを思い出しているのだろうか？
母の手紙に三男將介と友人との絵を添えている
（昭和19年11月2日付）

家族写真。

向かって右から田中和子（母）、將介（三男）、隆（次男）勇（長男）、康允（父）。

勇は基之、次男の隆は康介、父は豊とも名のっていた

まえがき

田中健之さんが、私どもの暁星小学校を訪れたのは、昨年のまだ梅雨の半ば、一学期末のころではなかったでしょうか。「卒業生のご子息」という方の突然の訪問に驚きました。お話を伺うと、学童疎開をなさったお父様のお手紙をお持ちとのこと。数年前、学内の教育部報に掲載するため、本校の学童疎開について調べた私にとって、何か不思議な出会いを感じました。

さらにお話を伺うと、健之さんとは同い年であり、お父様は私の父より一つ下、私の母と同い年ということで、両親も含め、まったく同じような時代を生きてきた方なのだということも親近感を感じさせていただきました。

暁星小学校は、一八八八（明治二十一）年に創立された、カトリックのミッションスクールです。明治維新後、キリスト教解禁後の日本において、カトリック教会が男子教育の担い手として、パリにあるマリア会という男子修道会に学校設立を要請したことが始まりです。

当時、外国人居留地であった築地に建てられた築地教会の一角を間借りし、私塾の形式でスタートした後、千代田区富士見（九段）に移転しました。戦後、幼稚園も設立し、経営母体である学校法人暁星学園は、幼小中高一貫校として運営しています。

また、日本にはおよそ二万校の小学校がありますが、本校は、その中でもたった三校しかない男子小学校です。

本書によると、健之さんのお父様、田中勇様が本校に転入されたのは、一九四四（昭和十九）年の十月半ば頃です。戦争の激化により、日に日に増してくる米軍からの空襲から逃れるため、政府は、この年の六月頃から国民学校初等科の児童を対象に学童疎開を始めました。しかし、以前から私立学校を差別化していた政府は、私立学校を対象外としていたため、暁星小学校（当時は、国民学校令の影響で、暁星初等学校という名称）もその流れから出遅れることになります。縁故疎開といった個人の疎開は、児童の転校、転出を意味するので経営を脅かす、との理由から、学校として、地方に疎開学園を設置して、そこで学校を運営しているという体裁をとりました。

私立学校、しかも敵国の宗教であるキリスト教の学校である本校への国からの圧力と米軍からの空襲という二つの危機から、当時の教職員は、子どもたちを守らなければならなかったといえます。ただ、明治、大正、昭和を通して、本校には保護者、卒業生、後援者の中に数々の有力者（総理大臣経験者や政財界、軍部の実力者）がいらっしゃいました。そのため、数々の困難もその方々のお力をお借りして乗り越えてこられたのです。

疎開場所の選定に際しても、千代田区からあてがわれた場所ではなく、独自に場所をお借りし、四カ所の疎開学園を開くことができました。軽井沢、山梨県東桂、箱根強羅、そして勇様の疎開地であった山中湖村です。

このうち、強羅は、当時、カトリックの外国人修道者を幽閉していた場所でした。ですから、この地に児童を疎開させたカトリック学校はいくつかあったようです。それ以外の場所は、保護者卒業生の所有する別荘や関係者から借りることのできた家屋でした。記録によると、疎開場所が決定した後に、四年生以上の各家庭に募集をしたところ、応募した人数は、軽井沢六〇名、東桂七三名、箱根強羅五〇名、山中湖村五〇名だったそうです。当時の校長、マリア会修道士の入江寅次郎先生は、その四カ所と三年生以下の児童が残る九段を休む間もなく往き来しました。本書にある勇様の「校長先生がいらっしゃいました。眼がねをかけたとてもよい先生ですね。」という言葉から、本校の古いアルバムに載っている、眼鏡姿の入江校長の人柄がよく分かる気がしました。

また、勇様のお手紙の内容から、私が以前調べたことに間違いがあることが判明しました。それは、本書十一月九日付のお手紙にあった、「校長先生と映画会社の人がみえました。」という記述です。私が調べた資料では、東桂に映画会社の撮影隊が来て、農耕作業などの様子を撮影したとありました。そのときの写真もあります。しかし、勇様のお手紙から、これは東桂班ではなく、山中湖班のお話であったことが判明しました。また、当時の引率者は、私の手元にある資料には、東桂班の二名の先生のお名前しか分かりませんでしたが、今回、山中湖班を引率した大滝、清水お二人の先生のお名前がわかりました。その後、数少ない戦前戦中のアルバムを探しましたが、その中で一冊だけ、大滝先生のお顔が確認できた写真を見つけました（清水先生は同姓で二人いらっしゃったので、どちらなのかが分かりませんでした）。

ほかにも、十一月一日の創立記念日のお話ですが、戦局が厳しくなっている状況下でも、疎開地でも九段校舎でもちゃんと執り行われていたこと、さらに、記念日には学芸会を催したことも初めて知りました。

食生活は、一般的な疎開生活よりは快適であったことが、お手紙からうかがわれます。これは当時の保護者の皆様の涙ぐましい努力があったと聞いています。開校式のためにお赤飯や煮しめなど一〇〇食分用意して現地に届けたり、自由販売品がほとんどない状況下、カレー粉や調味料などをあちらこちらから集めて送ったりと、子どもたちにひもじい思いをさせないように、つらい思いをさせないようにと、引率の先生や保護者は連絡を密に取り合いながら疎開生活を支えていました。

四カ所の疎開地からは、さまざまな要請があったようです。なかには、入江校長から「神棚が欲しい」とのお話があり、訳を聞くと、軽井沢班の宿舎の近くに軍の駐屯地があったらしく、しょっちゅう見回りに来て、いろいろと文句をつけるらしく、その対策のためだったということでした。

弟さんの將介様は、同じ時期に九段の校舎に通っていたようですが、將介様が転入したところ、校舎の一部が軍部に接収されました。航空隊の兵士の宿舎として使用されたそうです。おそらく、將介様は、一部兵舎となった校舎で学んでいたと思われます。資料によりますと、三月十日の東京大空襲の際、通りを隔てた中高の校舎は焼失しましたが、小学校の校舎は類焼を免れました。それは、この航空隊の兵士達が迅速な消火活動を行ったからなのです。当時の記録には、「何が幸いするか分からない。」とありました。

今回出版される本書は、学童疎開を知る資料となるだけでなく、本校にとって、およそ百三十五年の歴史の隙間を埋める貴重な資料であるともいえます。そして、困難な時代を生きた私たちの先輩方、つまり、当時の児童達、保護者、教職員達が心を一つにして活き活きと生きていた証でもあるといえるのではないでしょうか。

冒頭にも述べましたが、このような突然の出会いに心から感謝申し上げます。

現在、新型コロナウイルス感染症が、人々の生活を脅かし、子どもたちに多くの困難、我慢を強いています。教育現場では多くの変革、変容が見られますが、それらの根幹をなすものは、「子どもの安全安心を守ること。子どもの成長、学びを保証すること。」でなければなりません。本書を拝読し、卒業生、諸先輩から改めてこのことを学びました。

感謝のうちに……。

二〇二二年七月

暁星小学校校長　吉川直剛

昭和19年11月26日
將介ちゃん、元氣ですの。お兄さんは元
やってゐます。
の人はどうですか。
今でも兄さんの眼について
などにあっても落ついて
へ来るのを待ってゐます。
東京都大森区田園

もくじ

カバー・表紙デザイン／佐々木祐希

戦争を知るノンフィクション

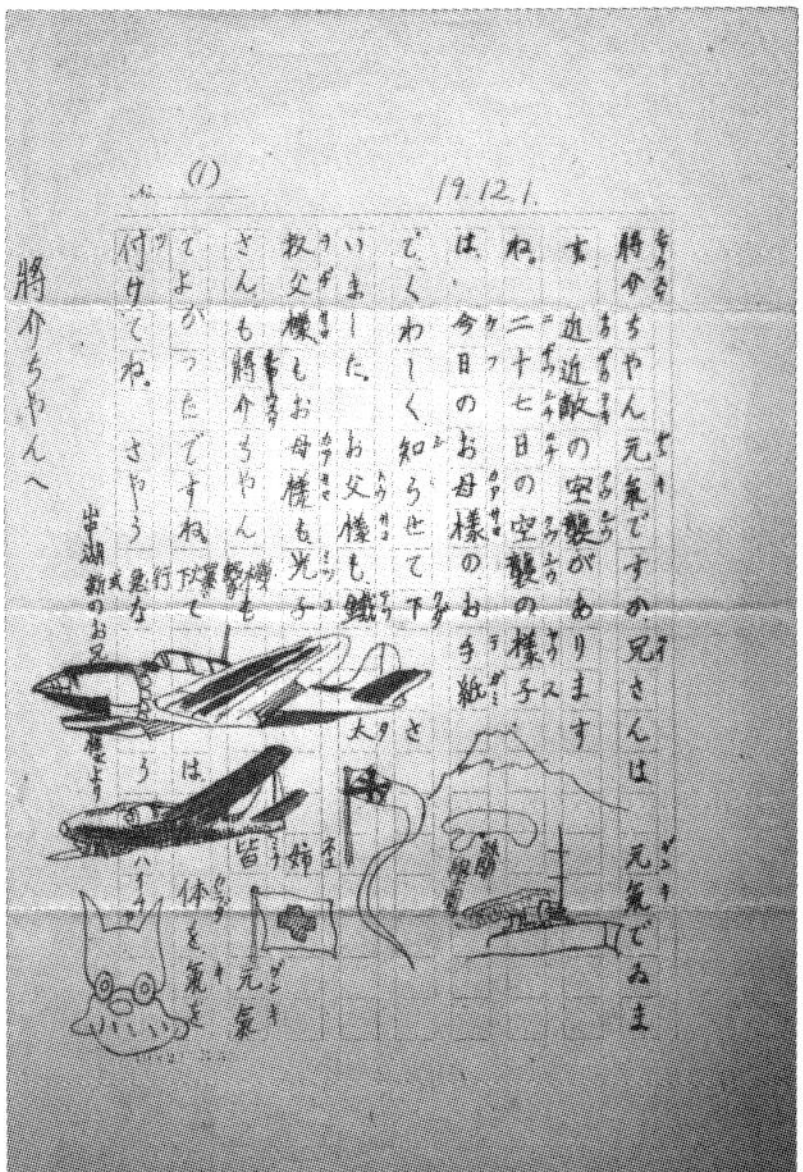
(1)　19.12.1.

将介ちゃん元気ですか兄さんは元気でゐます。
近近敵の空襲があります
ね。二十七日の空襲の様子
は、今日のお母様のお手紙
でくわしく知らせて下さ
いました。
叔父様もお母様も光子
さんも将介ちゃん
てよかったですね
付けてね。さやう

将介ちゃんへ

手紙という戦争遺産

戦時下の郵便事情

近代の戦争は、国民総力戦です。七十七年前にわれわれ日本人が経験した〃大東亜戦争〃は、まさしく国民総力戦でした。近代戦の一番の犠牲者は、なんといっても非戦闘員である子どもと女性、それに老人と障害者です。

大東亜戦争では、本土無差別空襲をはじめ、沖縄総力戦、広島・長崎の原爆投下に至るまで、非戦闘員である一般的な日本国民が百万人以上も犠牲になったと伝えられています。

空襲などによる都市部への容赦ないアメリカからの空襲を逃れるために、当時、東京都区部、川崎市、横浜市、名古屋市、大阪市、尼崎市、神戸市と、現在の北九州市にあたる小倉市、門司市、戸畑市、若松市、八幡市の五市の小学校に通っていた三年生以上の学童約四十五万人が、両親や家族と別れて地方へ移転させられました。

地方へ親戚などがいる者は、その親戚などを頼って縁故疎開をしましたが、地方に親戚など頼るべき人がいない学童は、学校単位で集団疎開を余儀なくされました。

両親が空襲に遭って亡くなり、約十二万人も輩出された戦災孤児のうち、学童集団疎開中に、戦災孤児となった子どもたちの割合は相当数を占めています。

大東亜戦争終戦から七十年目を迎えた、平成二十七（二〇一五）年四月八日に満八十一歳で逝去した、私の父である田中基之（勇）は、小学校五年生から六年生のときにかけて、学童集団疎開を経験しています。

父は生涯、戦争体験について語ることはありませんでした。幸いにして、私の手元には、父が両親に宛てた手紙や、両親や親戚などから父に届けられた書簡が多く遺されています。

その内訳は、封書が三十五通、葉書が六十八通にも及んでいます。

父が遺したこれらの書簡には、じつによく学童集団疎開のようすを中心に戦時下の社会が活写されています。

父から両親（私の祖父母）、両親から父へ宛てた手紙は、ほぼ毎日認め投函されています。

遺された書簡類は、昭和十九年十月から昭和二十年三月が中心で、それ以外の日付の書簡は残念ながら散逸してしまっています。

しかし、断片的に遺された書簡から、疎開期間中の約一年半近く、父は連日のように両親に手紙を書いたと思われます。

ところが、戦時下における郵便事情は悪く、これらの手紙が、定期的に順番に届けられることはなく、順序ばらばらに届けられたり、数日分がまとめて届けられたりしていました。

こうして遅れがちな郵便事情のなかで、父は両親からなかなか返事が来ないことを心配しています。

今日のように、携帯電話やEメール、それにLINEなどのインターネットの無料通信アプリの手段がなかった当時、親元を離れて集団疎開生活をする子どもたちにとって、両親や家族とのつながりの手段は、唯一手紙しかなかったのです。

手紙によって親子の無事を確かめ合い、それぞれのようすを認めることによって、家族の絆を強めたのです。

父が遺した書簡は、それを如実に物語っています。

父の両親に宛てた手紙を読んでわかるように、当時の子どもは両親を尊敬して、じつに丁寧な言葉遣いで手紙を認めています。

両親に対するその丁寧な言葉遣いは、甘えのなかで暮らす今日の子どもたちからは、まったく想像もつかない言葉遣いであることに驚かされます。

そのような父に育てられた、わたし自身の子ども時代を振り返ったときに、父が両親に遣っていたような、丁寧な言葉使いをして来なかったことが親不孝であったような気がして、父を亡くした今日、どうしても悔やまれてなりません。

また、私に甘えてぞんざいな口を利く自分の子どもに対して、いったい、どのような教育をすれば親を敬い、親に対して丁寧な口を利けるような子どもになるのか、知りたいと思っています。

ところで、両親の下から離れた父は、連日のように東京に向うB29の姿を目撃しては、東京の両親や従姉、幼かった弟のことを当然のことながら心配しています。

集団疎開生活のなかで、食事とおやつ、それに手紙が父の楽しみだったことが、遺された書簡によって知ることができます。

食糧難であったこの時代、私立の〝暁星小学校〟の学童として、山中湖畔に立ち並ぶ別荘地に疎開した父の食事には、恵まれた観があります。

父の父、すなわち私の祖父は、父に漢字の過ちを指摘し、手紙の書き方についても注意する一方、疎開する息子をやさしく励ましています。

祖父がまさしく、この時代の日本の父親らしい父親の典型であることが、書簡の行間から読みとることができます。

また母親の和子は、気丈に振る舞いながらも、遠くにいる息子が心配でならないようすが、残された書簡からはっきりと浮かんできます。

彼女の息子に宛てた手紙はじつに名文だと思います。

ちなみに和子の母親である田中みの子は、中島歌子が主宰する私塾〝萩の舎〟で和歌を学ぶ文人で、樋口一葉の姉弟子として、一葉と親しく交際していました。

いっぽう、勇の従姉の手紙からは、昭和十九（一九四四）年公布された勅令によって、京浜工業地帯の下丸子にある軍需工場に動員されて、働いているようすやその雰囲気がよく伝えられています。

そして幼い末弟の将介が、通学途中で空襲に遭って退避したことなども記されています。

両親の下を離れて疎開暮らしをする父は、寂しさを紛らすかのように、毎日のように手紙を書き、両親や家族、親戚からの手紙を待っていたのです。

富士山を眺め、寒さに耐えながら集団疎開生活を送る父は、湖上に張った分厚い氷に穴を開けてわかさぎ釣りをしたり、雪合戦をしたり、あるいは成績を父親に報告したりと、少年らしい日々を送っています。

また父は、海軍兵学校に進学することを夢見て、自らをそれに倣って〝五号生徒〟と呼んでいました。そして、飛行機などの機械類に興味をもち、飛行機乗りに憧れる、当時の典型的な軍国少年だったことを、書簡から伺い知ることができます。

父は、東京の方に向かう敵機Ｂ29を見るたびに、両親ら家族を心配する気持ちと、悔しい気持ちを軸に、少年らしい正義感に心を燃やしていたことがわかります。

残念ながら、三月十日や五月二十四、二十五日に行われた東京大空襲のときに記した書簡が散逸してしまって残っていません。ですが、日頃の父の書簡を読むとき、父が当時、どんな心境であったかは想像に難くありません。

浮かび上がる家族の絆と思いやり

ところで当時、東京で暮らす父親の豊（康允＝私の祖父）は、どのように過ごしていたのでしょうか。

田中家があった田園調布は、古くから高級住宅街として知られているため、ほとんど空襲らしい空襲はなかったと思われていますが、大田区史によると、田園調布周辺の大森区と蒲田区（現大田区）は、昭和二十（一九四五）年八月十五日の終戦までに、十七回も空襲を受けており、死者六二九名、負傷者二二六四名、全半壊家屋八七四戸、全半焼家屋八万一千五三三戸に及んでいます。

田園調布駅前に命中した爆弾によって、七名が即死しています。

この近くには、三菱重工の兵器工場があり、多摩川の土手には、三菱重工製の戦車が試走のために道路まで下りて来ては、町中うろうろしていました。これが、米軍機による格好の攻撃標的となったのです。

豊が勤める中西儀兵衛商店（現・ブルーミング・ナカニシ）の本社は、日本橋人形町にありました。この界隈は、連日空襲に襲われるため、会社の大切な帳簿を戦火から守るために、豊は田園調布の自宅にそれを運び込んでおり、経理担当の女性事務員は、田園調布の田中家に住み込んで仕事をしていました。

田園調布から日本橋人形町の会社へ行く場合、いつも渋谷あたりで、空襲警報が鳴ったようです。空襲警報が解除されるまで退避して、渋谷から再び日本橋人形町の本社へ到着すると、時刻はもう、夕方過ぎになっていました。

仕事を終えると夜遅くになり、渋谷駅から東横線の線路伝いに鉄兜を背負って歩いて帰ることもたびたびあったようです。

ところで私の父は、疎開先で毎日のように両親に手紙を書き、日毎に誤字、脱字が減り、文字も丁寧に上達し、堂々とした文章へと変化して行きました。

それは、両親に甘える幼さを残す子どもから日々逞しく、自立しつつある少年へと成長して行くようすを、遺された書簡や葉書からよく知ることができます。

ここに遺された父とその両親による書簡類は、学童集団疎開を知る貴重な歴史的資料であると共に、少年が逞しく成長して行くようすがよく分かる記録です。

それと同時に、その書簡を丁寧に読む時、それらが単に戦争を語る歴史的な資料のみならず、家族との絆や思いやりに就いて、改めて考えさせられる資料であります。

父、勇が遺した書簡や葉書を通して読む時、それはまるで、ひとつのノンフィクション作品を読むような迫力とおもしろさがあります。

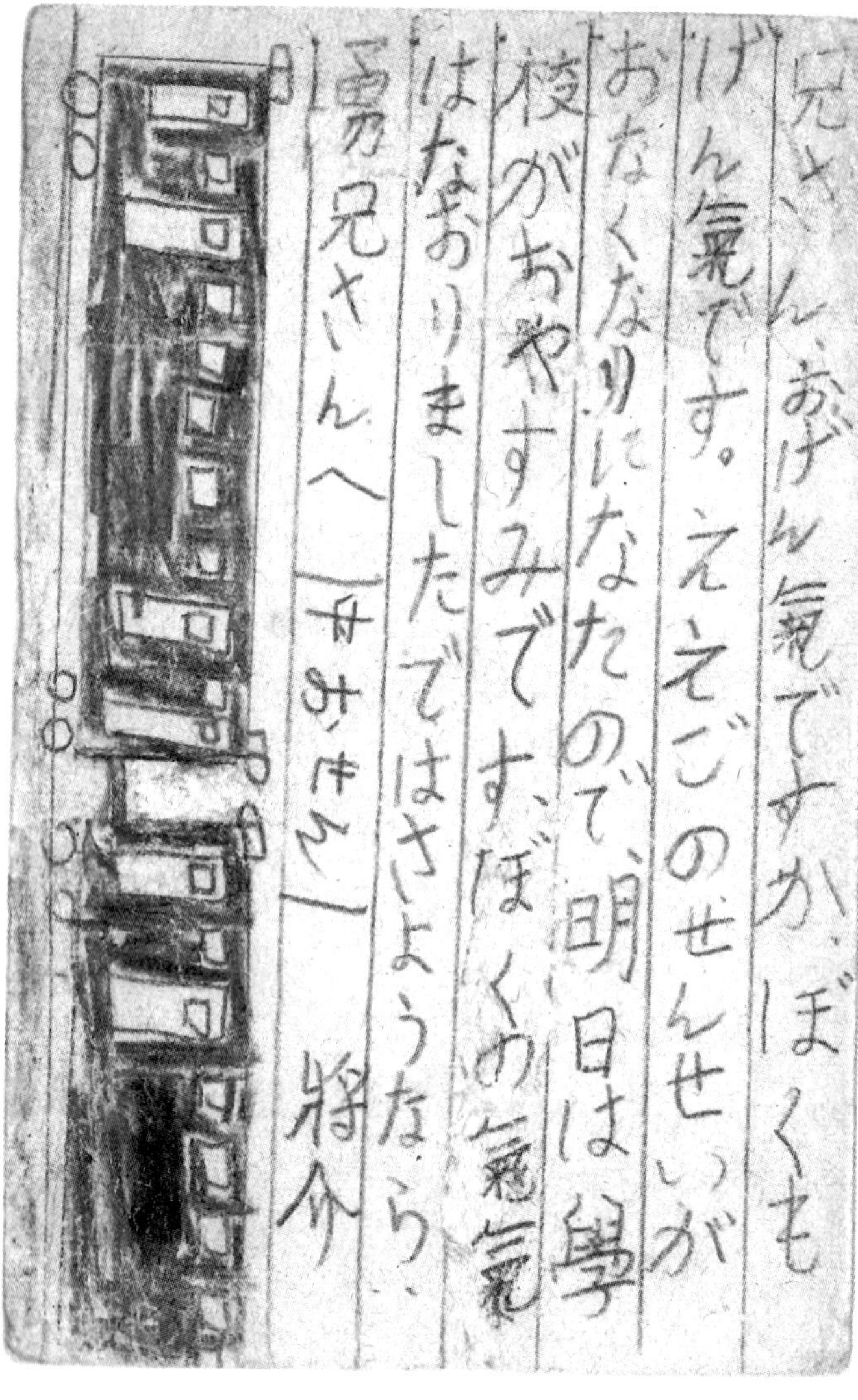
兄さん、おげん氣ですか、ぼくも
げん氣です。えそごのせんせいが
おなくなりになったので明日は學
校がおやすみですぼくの病氣
はなおりましたではさようなら、
勇兄さんへ　将介

末弟将介が兄の勇に宛てた葉書

父が体験した学童集団疎開とは

昭和ひとケタ生まれの父

私の父、田中基之（勇）は、昭和八（一九三三）年五月二十一日に生まれました。父は、満八十二歳の誕生日をひと月前に控えた、平成二十七（二〇一五）年四月八日に急逝しましたが、いわゆる昭和ひとケタ世代の後半に生まれた人びとは、すでに八十歳を過ぎる年齢に到達しています。

こんにちの日本人男性の平均寿命が八〇・二一歳、女性が八六・六一歳であることを考慮したとき、昭和ひとケタ世代の人びとは、年々少なくなっているのが実情です。

昭和は、著しい経済恐慌による不況によって幕を開けました。国内各地の農村は疲弊し、特にそれがひどかったのは東北地方の農村で、そこには、着るものどころか食べものすらなく、大勢の欠食児童や娘の身売りなど、悲劇に襲われていました。

第一次世界大戦後に、国際的な舞台へと踊り出てきた日本は、アメリカの国際秩序であるワシントン体制に組み込まれ、さらにそれを強固ならしめるロンドン海軍軍縮条約締結を余儀なくされ、列強のなかで孤立を深めて行った時代でした。

中国大陸における利権の確保を図る米英は、日華事変を機に日本の勢力を中国大陸から駆逐するため、軍事的、経済的にこれに介入します。その結果、昭和十六(一九四一)年十二月八日に日本と米英は戦争へと突入し、大東亜戦争が開始されました。

昭和二十（一九四五）年八月十五日、日本はポツダム宣言を受諾します。そこに示された条件によって日本軍は無条件降伏するに至り、大東亜戦争は終結しました。

つまり、昭和ひとケタ生まれの人は、このような激動する時代に少年期を過ごした人々だったのです。

父よりも三、四年早く生まれた人たちには、軍隊に入って実戦を経験したり戦死したりする人も少なくありませんでした。

日華事変が始まった昭和十二年七月七日、父は満四歳の幼稚園児でした。

その後、大東亜戦争が勃発した昭和十六年十二月八日、父は満八歳で小学校二年生、そして終戦の日となった昭和二十年八月十五日、父は満十二歳、小学校六年生になっていました。もの心がついてから小学校の最高学年に至るまで、日本は戦争を続けていたわけです。

無口だった父から直接、私は戦争体験を聞いたことはありません。ただ、私が子どもだった頃、一緒に風呂に入った父が、『ラバウル海軍航空隊』、『加藤隼戦闘隊』などの軍歌を口ずさむのを耳にしたり、戦記物の本や雑誌を読んでいたりする姿をたびたび目にしていました。

また、テレビで放映された戦争映画などを観ていた父が、ぽつりとわたしに、「戦争なんてよくない。戦争なんかするものではない」と諭すように言っていたものでした。

私の母は、昭和十（一九三五）年一月十八日生まれで、父よりも一学年年下です。母は東京大空襲を経験しています。

当時母は、東京大森区（現・大田区）の久が原に在住していました。久が原には高射砲陣地があったそうで、その高射砲陣地が標的にされて空襲されました。

昭和十七（一九四二）年四月、東京がはじめて空襲されて以来、それから何度も日本は空襲されます。しかし昭和二十年三月九日から十日にかけての空襲は規模がちがい、十万人近い命が一晩で奪われました。この東京大空襲で、母の両親、つまり私の祖父母と一緒に生活していた家が焼夷弾の直撃を受けて全焼したといいます。

このとき、私の祖母が危うく被弾しそうになって九死に一生を得たのだと母は私に語っています。

また祖母からは、米軍機から機銃掃射を受けてたいへんに危険だったという話も私は聞いた記憶があります。

戦時下の凄まじいようすを伝える手紙

戦争体験について、ほとんど語ることがなかった父。

その父が学童疎開をしたとき、父と両親（私の祖父母）や一族との往復書簡が数十通遺されています。

この往復書簡は、私が小学生だった頃、

「お父さまが、あなたと同じくらいの歳に書いた手紙だからよく読んでごらんなさい」

と祖母から託されたものでした。

私は、何かとても貴重なものを祖母から預かったと思って、今日までそれらの書簡を大切に保管してきました。

父が他界し、今、改めて学童集団疎開をしていた父と祖父母との往復書簡を読んでみました。その内容からは、とてもリアルな戦争体験が伝わってきました。このような、学童集団疎開をしていた児童と両親との往復書簡が、数十通も現存することは奇跡的なことで、それらは全て貴重な資料であります。

これらの手紙は、戦時下の凄まじいようすを伝えています。その苦難を乗り越えることができたのは、家族に対する思いであり、人間と人間の絆であったとも思われます。そうした手紙を戦時中の資料として、そして人間の生きる尊厳を問うものとして現代に伝えたいと思います。

爆弾の雨を降らすB29爆撃機

昭和十六（一九四一）年十二月八日に勃発した大東亜戦争において、はじめてアメリカが日本本土を空襲したのは昭和十七（一九四二）年四月十八日です。アメリカの航空母艦ホーネットから発艦した十六機のB25爆撃機が東京、川崎、名古屋、四日市、神戸などを空襲しました。ドーリットル空襲といわれているこの空襲では、八十七人の日本人が死亡し、機銃掃射によって、小学生も犠牲になっています。

日本本土への空襲は、日を追うごとに激しさを増していきました。昭和十九

（一九四四）年六月十九日の空襲では、四十七機のＢ29爆撃機が北九州の八幡製鉄所を爆撃し、このころから空襲が本格化したとされています。このときＢ29が飛び立った場所は、中国の奥地である成都でした。

その前日には、アメリカ軍は日本空襲をするための航空基地を確保するべく、サイパン島への攻撃を開始します。

約一か月間にわたる激戦の末、約四万三千人の日本軍将兵が玉砕しました。また、日本人をはじめとする島民約一万人以上が犠牲となっています。七月九日、サイパン島が陥落し、日本の絶対的国防圏が崩壊します。

アメリカ軍はサイパン島を陥落させると、グァム島、テニアン島などマリアナ諸島をつぎつぎと攻略し、マリアナ諸島に七つの基地を建設します。これらの基地は、Ｂ29爆撃機による日本本土空爆をはじめ、沖縄やフィリピンなどを攻撃する拠点となります。

アメリカ軍が日本全土の空爆に使用したＢ29(Superfortress)は、その当時世界最大の四発爆撃機で、それは、全長三〇メートル、全幅四三メートル、重量六〇トン、爆弾搭載量八トン、航続距離五九〇〇キロ、最高速度毎時五七〇キロという超大型の重爆撃機でした。

またＢ29は、サイパン―東京間二二五九キロを往復するのに約十五時間を要しました。その長時間飛行を日本軍の攻撃から守るために、胴下には最大探知距離が約一三〇キロメートルのレーダーアンテナを搭載していました。

昭和十九（一九四四）年十一月二十四日、マリアナ諸島を基地としたＢ29爆撃機一一一機が初出撃します。空爆目標は、東京郊外にあった中島飛行機武蔵製作所でした。

それ以降東京には、一〇六回もの空襲がＢ29によって行われたのです。

昭和二十（一九四五）年一月二十日、カーチス・ルメイ少将が、中国からマリアナ諸島の基地に司令官として着任します。彼は「日本焦土化作戦」を発動し、日本本土の諸都市に対して、夜の無差別絨毯爆撃を命じました。あえて民間人を犠牲にするための戦略です。

この民間人をも含めた日本本土への無差別爆撃は、労働力を減少させ、生産力を弱めると共に、日本人に戦意を喪失させるものとして遂行されました。

同年三月十日の東京大空襲では、わずか三時間にも満たぬ間に、約六平方マイル内で、二十五万戸の家屋が焼失し、被災者百万人以上、死者行方不明は十万人にも及んでいます。ルメイの部隊は、出撃した三二五機のＢ29のうち、十四機を損失したのみでした。

このように激化するアメリカ軍の無差別空爆に備えて、都市部の国民学校初等科学童（小学生）をより安全な地域に一時移住させたのが「学童集団疎開」です。

学童疎開は、日本本土がアメリカ軍の長距離大型爆撃機Ｂ29の航続距離圏に入るに及び、急遽実施されることになりました。

疎開中に命を奪われた子どもたちと戦災孤児

学童疎開は、個人的な縁故疎開を原則としていたものですが、昭和十九（一九四四）年六月三十日、政府は「学童疎開促進要綱」を閣議決定します。閣議決定の理由は、「空襲の惨禍から若い生命を守り、次代の戦力を培養する」、とされています。さらにその目的は、学童が防空の足手まといとなることを阻止し、防空態勢を強化することでもありました。

この閣議決定で、縁故疎開が難しい国民学校初等科の三年生から六年生の学童の集団疎開を実施することになります。こうして学童疎開は、縁故疎開・集団疎開とも強力な勧奨のもとに慌しく行われたのです。

学童疎開が実施されたのは、東京、横浜、川崎、横須賀、大阪、神戸、尼崎、名古屋、門司、小倉、戸畑、若松、八幡の十三都市でしたが、昭和二十（一九四五）年四月には、さらに京都、舞鶴、広島、呉の四都市が追加されました。

また同年三月には、日々激化する本土空襲に対処すべく、「学童疎開強化要綱」が閣議決定されます。これによって。国民学校初等科三年生以上の全員疎開と一、二年生の縁故疎開、集団疎開を強力に推進する、いわゆる「根こそぎ疎開」が実施されます。縁故疎開にも集団疎開にも参加することができずに、空襲下の都市に残留した学童に対しては、学校教育は停止され、訓育を中心とする寺子屋式教育が細々と行われました。

また、来るべき本土決戦に備え、千葉、茨城、静岡、和歌山県などの太平洋沿岸部へ集団疎開した学童は、青森、岩手、秋田、富山、島根、滋賀県などへの再度の疎開を余儀なくされています。

学童疎開に関連して、学童の戦争犠牲者も数多く出ています。

昭和十九（一九四四）年八月二十二日には、沖縄の那覇から九州に向かった学童疎開船「対馬丸」が、米軍潜水艦により撃沈されました。このとき、学童七七五人が犠牲となっています。

また、昭和二十（一九四五）年三月十日未明の東京大空襲では、六年生の大勢の学童が命を落としています。卒業進学のために疎開地から帰京した直後のことでした。

そして、多くの学童が疎開中に両親や家族を空襲で亡くし、戦災孤児となっています。頼れる人を亡くした子どもたちは、戦後の混乱期に、家どころか着るものも食べるものもない苦難の道を歩みます。

軍事用語だった「疎開」――疎開先での生活の実態

ところで、子どもたちの縁故疎開の生活に目を向けると、疎開先における複雑な人間関係をはじめ、言葉や習慣のちがい、いじめ、食糧不足などが思い浮かんできます。

また、集団疎開においては、きびしい規律と上下関係が求められ、空腹、いじめ、蚤・虱等に悩まされています。

いずれにしても、親元から離れて生活を送る小学生たちは、ホームシックに耐えながら、連日の空襲に両親や兄弟たちの安否を気遣う生活を送っていたのです。

そもそも疎開ということばは、軍事用語で「分散して闘いをすすめる」という意味です。『歩兵操典』には、「疎開戦闘は歩兵の主要なる戦闘方式」だと記されています。それによれば、「疎開戦闘」とは、小隊あるいは分隊間の間隔を開くことによって、敵の火力の効果を弱め、味方の突撃力を遺憾なく発揮するための歩兵の主要な戦闘方式であるとしています。

つまり疎開とは、「軍事作戦において集団行動している兵を散らし、攻撃目標となり難い状況をつくりながら作戦行動を行なう」、という意味のことばなのです。

戦時下の戦意高揚のためには、空襲から退避するということが明白になってはならなかったわけです。

そこで「撤退」や「退却」を〝転進〟と表したのと同様に、「退避」を〝疎開〟と表現して、「新たに分散化した戦闘配置に付く」という意味を示したのです。

昭和十九（一九四四）年七月十六日に開かれた、学童疎開に関する国民学校校長会議の席上、東京都長官大達茂男は、「若き生命を空爆の惨禍より護り、次代の戦力を培養することになる」と述べた上で、「要するに学童疎開は、帝都学童の戦闘配置を示すもの」として、国民学校の校長たちを前に訓示しました。

ところで内閣情報局は、学童疎開による親子の別れを、南北朝時代の尊皇武将楠木正成と正行の別れ、すなわち楠公父子の「桜井駅の訣別」の故事になぞっています。

足利幕府と戦い、死地に赴く楠木正成と共に、戦うことを望んだ息子の楠木正行に対して、父正成は、生き残って父の志を継いで将来に備えることを諭して彼を故郷に帰します。それが「桜井駅の訣別」です。

内閣情報局が発行する『週報』四〇六号（昭和十九年八月二日）に所収されている「学童疎開問答」（上）の前書きにおいて、次のように記しています。


「戦いの場に一抹の女々しさがあってはならない。

少年正行は年歯十一にして桜井の駅に父正成のことばに従い、健気にも恩愛の袂をわかちて武士の道を歩んだ。

いま一億ひとしく戦いの場に臨み、楠公父子の尽忠の己の心として起つ。われらにまた何の女々しさがあろう。時に冷厳として恩愛の袂をわかって戦いの道をゆかねばならないのだ。

全国主要都市に学ぶ幾十万の子等とその父に母に、今それが要請されているのだ。

予期せられる空襲への防衛態勢を完成するために、さらに皇国を継ぐ若木の生命を、いささかなりとも傷つけ失うことなきことを願う国家の大変のしるしとして実施される学童集団疎開である。

父も母も、今秋、昭和の楠公父子となれ。ここに餞として疎開問答を贈る」

このように学童疎開は、連日激しさを増す無差別爆撃の中、悲壮な決意の下で行われたのです。

こうして学童集団疎開をした児童数は、四〇数万人に及んでいます。

昭和十九年七月十六日に政府方針にもとづいて、当初学童疎開は、地方の親戚の家などを頼って疎開する、〝縁故疎開〟を原則としました。

しかし、縁故者が地方にいない国民学校初等科（小学校）の三年生から六年生までは、学校ごとに集団疎開することになります。

集団疎開は、区長・学校長を通じて、保護者に対して自発的に申請するよう「強力に指導勧奨」が行われたのです。

ところで、私立小学校が学童集団疎開を行うことに際しては、自校の施設などを利用して、私立校独自の立場で疎開学校一切の経営を行うか、学校が所在する区の管轄下に入って、近隣の国民学校と同一の行動をとるか選択をしなければなりませんでした。

なぜならば、私立小学校は昭和十六（一九四一）年四月に発令された「国民学校令」において、国民学校と称することは認められなかったからです。

そこで私立小学校は、自校の施設を利用したり、創立者や理事などの関係を頼って、篤志家の別荘や個人宅、それに父兄が所有する別荘などを提供してもらって、学童疎開の寄宿舎としました。国民学校に優先的に施設を与えられたために、私立小学校には条件が悪い施設を振り当てられた例もあったようです。

また、私立小学校の多くが採算に合わなかったために、疎開前に解散したり、疎開先で解散したりする学校が大半でした。

そして私立小学校の疎開では、親の経済的な負担も国民学校よりも多くのしかかりました。

ちなみに私の父は、東京の東調布第二国民学校（現・大田区立田園調布小学校）から、私立の暁星小学校へ弟の隆（庸介）と共に転校しています。東調布第二国民学校の疎開先が、静岡県浜名郡豊西村（現・浜松市東区）の正光寺という臨済宗の寺でした。

いっぽう、暁星小学校に転入後には、山梨県南都留郡の山中湖畔にある三井別荘が疎開先となっています。

また、暁星小学校では、この他に長野県軽井沢、神奈川県箱根の強羅、山梨県東桂に分散して、疎開が行われました。

ところで、学童集団疎開は、皇族でも例外ではありませんでした。

昭和天皇の孝宮・順宮・清宮の三内親王は、学習院女子の一生徒として、栃木県塩原に疎開されました。また皇太子さま（上皇陛下）は、沼津、日光、奥日光というように、学習院の学童の一員として学童集団疎開しています。

奥日光の疎開生活において皇太子さまは級友と同様に、トウモロコシや芋、それに野草の入った献立やランチ皿に軽く一杯の盛り切りのご飯と、細やかな野菜の煮つけのみの粗食を召し上がっていました。

疎開生活の中、学友たちの下へ面会に訪れる父母の姿を見ては、皇太子さまは寂廖感を味わられていたようです。

疎開先での生活

疎開できる子どもとできない子ども

集団疎開にかかる費用は月約一〇円で、それを保護者が負担します。当時の所得水準は、大工の一日あたりの手間賃が三円九〇銭、巡査の初任給が四五円、公務員の初任給が七〇円程度でした。

そうした所得水準から考えると、子ども一人につき月一〇円という支出は、かなりの負担が保護者の肩にかかっていたことになります。

しかも、実際には月一〇円の費用では足りませんでした。後援会費や賛助会費などの名目で、多額の費用が徴収されていたのです。なかには月に二五円も徴収された保護者もいたといいます。

それ以外にも、布団、食器など身の回り品も各家で用意する必要がありました。

しかし金がない家庭の子どもたちをはじめ、身体検査によって、病気にかかっていたり、身体虚弱だったりした子どもたちは、集団疎開に行くことはできませんでした。

こうして集団疎開に参加しなかった子どもたちの数は、三十三万人に及んでいます。

学童集団疎開で各家庭が準備した必要な身の回り品はつぎのようなものでした。

○寝具（掛け布団一枚・敷布団一枚・枕一つ・毛布など）
○衣類（寝巻・下着・シャツ・ズボン・モンペ・猿股＝男・ズロース＝女・靴下・足袋・腹巻・防空頭巾など）
○日用品（食器・手拭・ハンカチ・ちりがみ・歯ブラシ・歯磨き粉・水筒・コップ・櫛＝女・石鹸・布巾・雑巾・マスク・糸・針・古新聞・手紙用紙など）
○履物（運動靴・下駄・草履など）
○学用品（教科書・ノート・鉛筆・筆記用具・その他の定規・コンパスなどの文房具など）

子どもたちの寄宿舎は、旅館、寺院、教会、錬成所などです。教職員も学童とともに共同生活を行うこととされていたため、教員も子どもたちに付き添って疎開生活を送りました。このほかにも教員の助力者として、寮母・作業員を雇っています。寮母が見つからなかった場合には、女性教師が寮母の代行を務めることもあったようです。なお、医師は現地で委嘱することになっていました。授業は、受け入れ側と協議して、疎開校の分教場形式か地元委託形式で行われました。

子どもたちと受け入れ先の関係

ところで、お寺の本堂が宿舎となった学童たちは、旅館に比べて狭い風呂場、離れたトイレ、設備の整わない炊事場など、日常生活に不便なことが多くありました。それに対して、旅館を宿舎とした学童たちは、お寺に比べて恵まれていたようです。それは広い風呂場をはじめ、温泉、トイレ、炊事場等の設備がお寺よりも整っていたからです。

お寺や旅館以外では、縁故疎開が多くなります。一～二名づつ子どもたちが一般の家庭に分宿するわけです。

家庭分宿疎開の場合、それまでまったく違った環境にいた学童と、彼らを受け入れる一般家庭の両者が、良い関係をつくる必要がありました。

その両者がよい関係を築くためには、受け入れ家庭も学童たちも双方に、相当な努力を必要としていました。

一般家庭に分宿した学童と、それを受け入れた一般家庭とが相互理解のため、架け橋の役を担ったのが、学童疎開に同行した教師でした。最初の数か月間は、分団長が受入家庭を連日のように訪問し、分宿家庭の不満を聞いては、頭を下げてお願いして歩きました。

分宿家庭が決定して学童が分宿すると、教師が家庭訪問をして、学童のようすを聞いては、宿泊先の変更などの調整を図りました。

学童と受入家庭の関係は、受入先の愛情、家風、経済などによって異なりますが、現在も分宿受入家庭と学童として分宿した人びと（当時の学童）の交流が続いている場合も多くあります。

そこには例外なく、根底に受入家庭の理解がありました。また、学童の親の対応も重要な要素でした。

勤労と地元との融和を図る

疎開先での勉学は、受入地の国民学校の教室が足らなかったために、宿舎における座学による授業が多く、教科の学習は、学年別を原則とした自学自習が重視されました。お寺の本堂や旅館の部屋での授業に加えて、勤労作業の行学一体、師弟同行の少国民錬成も行われました。

また学童たちは、稲刈り、芋掘り、麦踏みなどの畑作業や開墾などを行い、薪集め、炭焼きなどの山仕事や子守りなど農家の手伝いをこなしました。

そのうえ学童たちは、自分たち自身の生活に必要な米、野菜、薪や炭の運搬なども行わなくてはならず、なかには人糞の汲み取りまでもすることさえありました。

昭和十九年九月七日付東京都教育局長通牒による「東京都国民学校集団疎開教育実施要綱」には、次のような教育方針が記されています。

「勤労ヲ重視し農耕、畜産、水産その他環境に即応する作業を課することに依り食糧、燃料の自給に努むると共に地元の食糧増産、燃料生産等に協力し勤労奉仕をなすこと」

このように学童疎開の子どもたちへの教育は、勤労を重んじ、地元との融和促進を図ることを定めています。

いっぽう、両親や兄弟たちと遠く離れ、家恋しさと食糧不足による空腹に耐えた集団生活を送る子どもたちにとって、遊びは唯一、彼らの心を慰めてくれるものでした。

遊び道具こそなかったものの、さまざまな工夫をして、子どもたちは元気良く遊んだのです。

食糧不足のなかにおいて子どもたちは、絵合せや図画に食べものへの思いを込めた遊びをしています。なかには、親に煎り豆を詰めたお手玉を仕送りしてもらって、オヤツ代わりにした子どももいました。

また子どもたちは、山や川で遊ぶことによって、都会では経験することができなかった、自然と触れあうという機会が得られました。教師は子どもたちに、劇やお遊戯、独唱、合唱、ハーモニカ演奏などに取り組ませて、演芸会を開催したりしています。

これは、子どもたちに疎開生活の日々にうるおいと変化を持たせるためでした。

それらはいずれも子どもたち自身によるお楽しみ会でしたが、ときには地元の人びとや芸能人による慰問演芸会も行われることもありました。

そうした催し物は、親元を離れた疎開先の子どもたちの寂しい気持ちをしばし忘れさせてくれるものでした。

ホームシックと空腹

ところで疎開先の子どもたちを襲ったのは、ホームシックと戦時下の食糧難による空腹でした。

疎開学童に対する米の割り当て配給量は、戦局の悪化とともに減少し、その決められた割当量さえも、入手することも困難な事情となります。

そのため、雑炊、すいとん、さつま芋、じゃが芋、かぼちゃなどを代用食とすることが多くなります。

その上、肉や魚の配給は極端に少なくなり、ついに子どもたちは、動物性蛋白質と脂肪の摂取をすることが、ほとんどできなくなってしまいました。

育ち盛りの子どもたちにとっての夢は、満腹の美味しい食事をすることです。慢性的な空腹状態に置かれた子どもたちは、「わかもと」や「エビオス」といった胃腸薬をオヤツ代わりに食べては、ますますお腹を空かしたのです。また、歯磨き粉や絵の具を舐めて空腹を紛らわす子どもたちもいました。

学童疎開では、少ない食糧を無駄にしないようにと、食事はひと口で四十〜六十回も噛むようにと、教師たちは咀嚼指導を行っています。

しかし、絶対的な食糧配給量の不足はそれを補う術はなく、疎開学童の体重は日々減少し続ける一方でした。

そうした子どもたちが唯一、美味しいご馳走をお腹一杯食べられる機会が、疎開先の地元の各家庭に招かれてご馳走になる「お呼ばれ」でした。

いちばん嬉しかったのはお呼ばれと分宿

その回数や内容などには差があったものの、親元を離れて学童疎開の生活を送る学童たちにとって、「お呼ばれ」は、ほんとうに嬉しく楽しい一時でありました。

戦争に勝つために、慣れない土地で辛抱する学童たちを親代わりとなって励まそうとして、「疎開学童激励の夕べ」を催してくれる地方もありました。そうした催しでは、疎開学童が三人一組になり、町の六年生女子の案内で各家庭に招かれています。

彼らは、町の子どもたちと共に、ボール遊び、お人形ごっこ、縄跳び、カルタ取りなどをして遊び、おやつには日頃食べられないお饅頭などを頂戴しました。

そして夕食には、刺身、茶碗蒸し、肉料理、煮付け、お餅、赤飯、いなり寿司、うどんなどといったご馳走もありました。

久しぶりにわが家へ帰ったような喜びと楽しさを味わうことができた子どもたちは、帰りがけにはお土産までもらい、彼らは、大満足で寄宿舎に帰って行きました。「お呼ばれ」から寄宿舎に戻った子どもたちは、お餅をいくつ食べたとか、どんな物を食べたとかをそれぞれに自慢し合って、いつまでも興奮してしゃべり続けていたといいます。寂しく辛い学童疎開の日々の中、「お呼ばれ」の日だけは、子どもたちの最高に幸せな日であったのです。

学童疎開体験者の多くは、戦後、疎開生活を振り返って、当時いちばん嬉しかったのは、「お呼ばれ」だったと証言しています。

また、お呼ばれの他には、「分宿」という学童疎開下における行事もありました。お呼ばれは日帰りでしたが、分宿は、泊まりがけでのご招待のことです。

分宿は、食糧不足を補うために催されるのですが、疎開地における、地元の人たちによる献身的援助によって行われたものでした。

埼玉県比企地域に疎開した学童の分宿

埼玉県比企地域のお寺に疎開した学童たちの分宿を紹介します。

そこでは、そろそろ配給の米が底を尽くといったときに、分宿が行われています。分宿は一軒に四人で、十二軒で行われました。

そろそろ米がなくなる頃に、学童疎開をしている子どもたちの前に姿を現した村長は、「秋祭りがあるから」「お彼岸でお寺は忙しいから」という理由をつけて、疎開学童を分宿に出します。

分宿を二泊すると六食分、三日分ぐらいの米が浮きます。学童疎開への配給米が底を尽くなか、それはとても助かるわけです。子どもたちは、家庭的な雰囲気を味わいつつ空腹を満たし、お土産ももらって大喜びでした。村長から割り当てられた分宿は、校長宅、村役場関係者宅などが多かったようです。

分宿は、「宿泊訓練」と呼ばれることもありました。

詩人の吉原幸子は、昭和二十（一九四五）年一月二十五日から二泊三日、「宿泊訓練」と称した近隣民家への外泊を経験しています。

小松家を「宿泊訓練」に割り当てられた吉原幸子は、この間だけは、時間があればとにかく本を読み、夜はぐっすり寝て、朝もゆっくり起きることができたようです。それは集団で過ごす学童疎開生活のなかで唯一、ゆったりと時間を過ごすことができた日々であったようです。

宿泊先のおばさんは、朝、顔を洗うためのお湯も沸かしてくれていますす。学童疎開の生活の想い出のなかで、彼女は何度もこの家のことを思いだしています。小松家に宿泊したこの三日間、吉原幸子にとってそれは、学童疎開生活のなかで、何よりも嬉しい出来事だったのです。

皇后さまのビスケット

昭和十九（一九四四）年十二月二十二日、すべての疎開学童にとって嬉しく、忘れがたい贈り物が届けられるという知らせがありました。

それは、皇太子さまが十二月二十三日に十一歳のお誕生日を迎えられるにあたり、皇后さまから、全疎開学童と教職員に対して、お菓子を各々一人に一袋をプレゼントして下さるというものでした。

それは、ホームシックとひもじさに耐えて暮らす、疎開学童を励ますための皇后さまのお気持ちでした。

皇后さまはこのとき、「疎開児童のうへを思いて」と題する御歌を詠まれています。

「つきの世を　せおふへき身そ　たくましく　たたしくのひよ　さとにうつりて」

皇后さまから贈られたお菓子は、一袋二五枚入りのビスケットで、明治産業（現明治製菓）川崎工場で製造され、昭和二十（一九四五）年二月二十四日に工場から発送されました。

支給対象は、集団疎開学童三十六万八二五八人、教師・寮母・作業員・嘱託医などの教職員四万八五一三人の合計四十一万六七七一人でした。

文部省は、疎開学童に支給されたビスケットは、地元学童にも分けるように指示をしています。また、この「皇后さまの御思召」を親元に伝えるよう学校側の指示もあり、子どもたちは、数枚のビスケットを親元に送っています。疎開学童たちが実際に受け取ったビスケットの枚数は、場所により差異があったわけです。

それでも甘味物に飢えていた子どもたちは、皇后さまのビスケットを感激して味わいました。

「頂いて戻って来て、『恩賜』という字を見ていたら、皇室の御恵みの深さに涙が出て来てしまいました」

という国民学校六年生の女の子の文章が、『豊島区の集団学童疎開資料集（3）日記・書簡編Ⅲ』に紹介されています。

また、疎開先の五年生の妹から菓子を送られた高等学校一年生の兄は、つぎのように記しています。

「静子が竹井さんのお母さんにお頼みして、とどけて頂いたお菓子を、東京から送ってきましたので有難く頂きました。皇后陛下のお思し召し、本当に勿体なく感じますね」（『豊島区の集団学童疎開資料集（5）日記・書簡編Ⅴ』より）

皇后さまの「疎開児童のうへを思いて」と題する歌は、東京音楽学校職員生徒によって曲がつけられ、昭和二十年二月十一日の紀元節、午前七時五十分にラジオ放送を通して発表されました。

皇后さまの歌に曲を付したその歌は、その年二月十三日の国民学校放送の時間および十四日の少国民の時間にそれぞれ歌唱指導が行われました。その後も朝礼など機会ある都度、疎開先の学校で歌われています。

皇后さまのビスケットについては、勇の手紙（昭和二十年二月二十日付）にも記述があります。

軍隊式の疎開生活は耐えることばかり

集団での学童疎開は、いじめには最適な環境でもありました。軍隊式の集団疎開生活は、四六時中、上級生によって取り仕切られていました。日常生活は、上下の規律がきびしく、下級生は上級生に絶対服従でした。

そうした立場に置かれた上級生は、空腹や家恋しさのストレスのはけ口として、下級生をいじめて気を紛らわしていました。

上級生からいじめられた下級生は、いくらいじめられても、教師に告げ口をすることはできず、彼らは黙って上級生たちから顎で使われていました。

教師への告げ口は、あとで何倍も制裁を受けることを意味していたため、下級生はその制裁が怖くて、何も言えなかったのです。

いっぽう当時の教師は、強い皇国民の錬成に熱心でした。そのため、子どもたちに対する体罰は日常化し、弱音を吐くことは許されませんでした。

「欲しがりません、勝つまでは」というスローガンが叫ばれた戦時体制下においては、耐えることばかりが強いられていたのです。

子どもが親にいじめを訴えたくとも、親は遠く離れています。学童疎開する子どもたちに対する親の面会は制限されており、それはせいぜい一学期に一回程度しかありません。いじめが、親の目に届くことはありませんでした。

また集団の寄宿舎生活では、登校拒否をすることもできません。いじめから逃れるための最後に残された手段は「脱走」のみでしたが、いじめられっ子にはもはや、脱走する気力さえも萎えてしまっていました。

また手紙で、いじめについて記そうと思っても、手紙は教師による検閲があり、子どもは親に本音を書くことできません。

いじめは仲間はずれ、布団蒸し、蚤の振りかけ、食事の差し出し、そのほかいろいろないじめがありました。

蚤と虱に悩まされる

また、学童疎開の寄宿舎の子どもたちは、虱や蚤の襲撃に悩まされました。

子どもたちは毎日、欠かさずに虱や蚤取りをしますが、根絶することはできません。ちなみに虱には、身体に付くものと、頭毛に付くものと二種類がいます。

また、結核性疾患、パラチフスの集団発生も生じています。なかには、淋病などの性病が学童の間に集団で蔓延することさえあったのです。

これは、学童疎開に寄宿舎として使用されていた温泉旅館に、湯治客として滞在していた慢性淋病治療中の遊女と同じ温泉に学童が入浴したことで、子どもたちの間に性病が蔓延したのです。

昭和十九（一九四四）年十月十二日、厚生省は集団疎開受入側府県内政部長宛に、「温泉疎開学童入浴の注意に関する件」を通牒し、学童専用の浴槽を設けるか、学童を先に入浴させて、一般客との混浴を避けるように指示するとともに、入浴では、浴槽や洗い場を湯または清水にて洗い流すこと、それに眼の洗浄を禁止するなどの旨を指示しています。

しかし、淋病など性病の学童への感染は広範囲に及びました。

昭和二十（一九四五）年一月二十一日付の厚生省衛生局長・文部省体育局長名で通達した「疎開学童の淋疾予防に関する件」の添付資料によれば、学童疎開中に淋病感染患者総数は一五六七人に上り、そのすべてが女児でした。

内訳は、東京都関係一一六六人（宮城・山形・福島・茨城・栃木・群馬・千葉・新潟・山梨・長野・静岡の各県二十二校）、神奈川県関係三九一人（箱根五校）、兵庫県十人（一校）というものでした。

学童疎開中に性病に感染した多くの女児たちは、現地または帰京して治療を行っています。この出来事は、彼女たちの幼い心に大きな傷痕を残すこととなりました。

両親との絆を深めた手紙

親子の面会への規制

親元を離れて集団生活を過ごす学童たちをホームシックが襲いました。それは、両親たちと離れて暮らす淋しさに加えて、両親や兄弟、親戚が生活している都市部が、連日、アメリカ軍による空襲を受け、その安否を心配する毎日であったことも原因しています。

学童たちが、離れて暮らす両親や兄弟、親戚たちと繋いだ絆には、一学期に一回許可された面会と、頻繁に両親や兄弟、親戚との間に交わされた書簡による文通がありました。

昭和十九(一九四四)年八月上旬から始まった学童集団疎開は、九月二十四日を以って完了の見込みがついたとされます。そして十月から、疎開学童の父母の面会が許されることになります。

しかし、戦時下における逼迫した交通事情から、両親が学童に面会するためには、制約が課せられています。

東京都教育局は、保護者の面会調整に関する要項を決定し、昭和十九年九月二十二日付で次のような通牒を出しました。

一、保護者の面会は児童一人について一名、一学期に一回とする。
一、面会ならびに乗車券の購入の際には、学校長の証明書を必要とする。
一、学寮に宿泊する場合には、一日三合の米を持参しなければならない。
一、飲食物を持参して児童に与えてはならない。
一、疎開地において、生活必需物資の買い漁りをしてはならない。

このような制約にもかかわらず、両親たちは、集団疎開でひもじい思いをする我が子のために、手製のお菓子や食べものを持参しては、隠れて食べさせたのです。

しかし、ふだん食べつけないものを一度に食べた子どものなかには、面会の後にお腹をこわす者も少なくありませんでした。また、面会で喜ぶ子どもがいる一方、面会がない子どもは、淋しい思いをしました。

親と子をつないだ手紙と検閲

面会のほか、疎開学童と父母を繋いだのは手紙でした。

子どもたちは、遠く離れた両親に対して頻繁に手紙を認めています。そして父母もまた、子どもたちに多くの手紙を寄こしています。

こうした手紙の往復は、子どもと親たちの互いの心の支えになりました。

この本で紹介する私の元に残されている父とその両親（私の祖父母）との往復書簡には、当時の思いと状況が綴られています。

学童集団疎開という慣れない集団生活で、子どもたちはホームシックと空腹、いじめなどにひたすら耐える日々を過ごしたのです。

家に帰りたいと思って弱音を吐くことは、少国民の恥だという教育を子どもたちはされていました。

そのため、帝都防空の任にあたる父母を心配させ、厭戦気分を煽ってはならない、とする教育方針の下、子どもたちが両親に出す手紙は、疎開直後から教師によって検閲されました。

東調布第二国民学校（現・大田区立田園調布小学校）の
学童集団疎開先の正光寺（静岡県浜名郡豊西村）における集合写真。
３列目右から７人目が田中勇（基之）

美しい富士山を背景に撮影された〝山中湖畔暁星疎開学園〟集合写真。
2列目一番右が田中勇（基之）

検閲は、保護者から子どもたちに宛てられた手紙も例外なく行われ、不都合だと思われた部分は墨で塗られました。

こうした検閲を嫌った子どもたちは、それから逃れるために、面会にきた両親に直に手紙を渡したり、友だちの親が面会に来たときに、親に宛てた手紙を託したりしています。

なかには、自ら郵便ポストに直接投函した子どももいました。しかし、ポストに直接投函した手紙の多くは、郵便局から教師に戻されてしまいました。

検閲があるために、子どもと両親はお互いに本音を記すことはできません。それでも、手紙は親と子が心を繋ぐ唯一の道だったのです。

その手紙を出すための葉書や郵便切手の配給も戦時下では不足していました。

昭和十九年十月一日付の『山梨日日新聞』には、「欲しい通信用葉書」と題した「疎開学童現地報告記」が掲載されていて、記事には次のように記されています。

「一ヶ月に児童一人が葉書十枚は必要だといふが、身延郵便局の一ヶ月割当は二千枚で一日五十枚売るさうだ。これでは千二百名入った身延の疎開児童には到底わたらぬ。そこで児童は父兄に送って貰ふ手段を講じたり、封書で出したりしてゐる。鰍沢では月二枚までは配給があり、あとは家庭から送って貰って便じてゐるが、親から来た便りを三十分も眺めては、幾度も読み返してゐる児童達の様子を見てゐると便りにだけは不自由させたくない感情を先生ならずとも誰でも抱く」

このように学童集団疎開は、子どもたちの心に戦争の大きな影を残しましたが、改めて子どもたちと両親、兄弟との絆を強めたのです。

昭和十九（一九四四）年の往復書簡

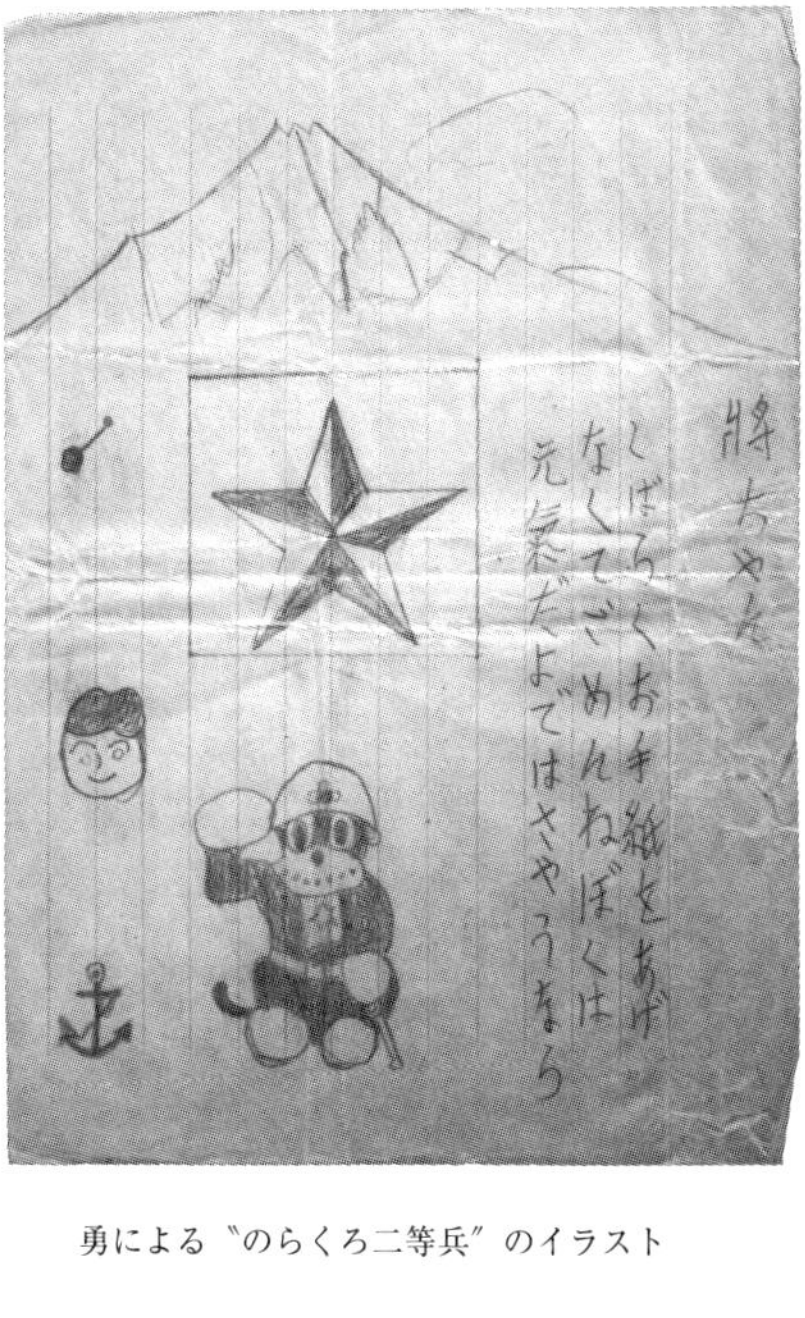
将ちゃん
しばらくお手紙をあげ
なくてごめんねぼくは
元気だよではさやうなら

勇による〝のらくろ二等兵〞のイラスト

今まで記したような学童集団疎開を私の父母は経験しています。

私の手元に遺された、父の田中勇（基之）が学童集団疎開における両親との往復書簡は、封書が三十五通、葉書が六十八通に及び、その全てを資料化しました。

昭和十九（一九四四）年、十一歳だった父は、（父は昭和八年五月二十一日生まれ）当時、東調布第二国民学校（現・大田区立田園調布小学校）に五年生として通っていました。東調布第二国民学校は、静岡県の浜名郡（現・浜松市）を学童集団疎開の場所としていました。父は学童集団疎開に旅立ったその日から父親（私の祖父）に宛てた手紙を認めています。

ところで、昭和十八年十二月十日、文部省は都市部の子どもたちに、地方に住む親戚などを頼って疎開するよう勧めます。縁故疎開の始まりです。南方戦線の後退により本土が空襲される恐れが高まってきたからです。その後は人の疎開だけでなく、延焼などを防ぐ建物疎開、軍需工場を分散させる生産疎開が行われています。

昭和十九年六月十六日深夜、北九州が初めて空襲されます。中国の成都から飛び立ったアメリカ軍のＢ29爆撃機によるもので、八幡製鉄所が標的にされました。

その月の三十日、この九州への空襲をきっかけに、東京、川崎、横浜、横須賀、名古屋、大阪、神戸、尼崎の学校ごとの疎開が決定されます。いわゆる学童集団疎開です。対象となる学童は国民学校の三〜六年生で、八月から国内の安全な地域への疎開が決定されました。第一陣は、八月四日に東京を出発しています。九州への空襲以降、次は○○市が空襲されるなど様々なデマが飛び交い、社会不安が生じていました。

ここに紹介する父の疎開先からの手紙は、その年の十月から始まっています。疎開先は、山梨県南都留郡中野村山中湖畔字長池で、実家は、東京都大森区田園調布二丁目八四〇です。父は私立の学校で、国民学校とは扱いに差があったのかもしれませんが、詳しい違いは分かりません。

——部分は、当時の状況の参考として、主な出来事を付記しました。

［ ］内に葉書と記したもの以外は封書です。

句読点、改行は読みやすくするため、適宜、私が入れました。

日付は消印を参考にし、消印が不明な場合は、手紙の日付などから特定しました。

文中の（ ）内は、私の註です。

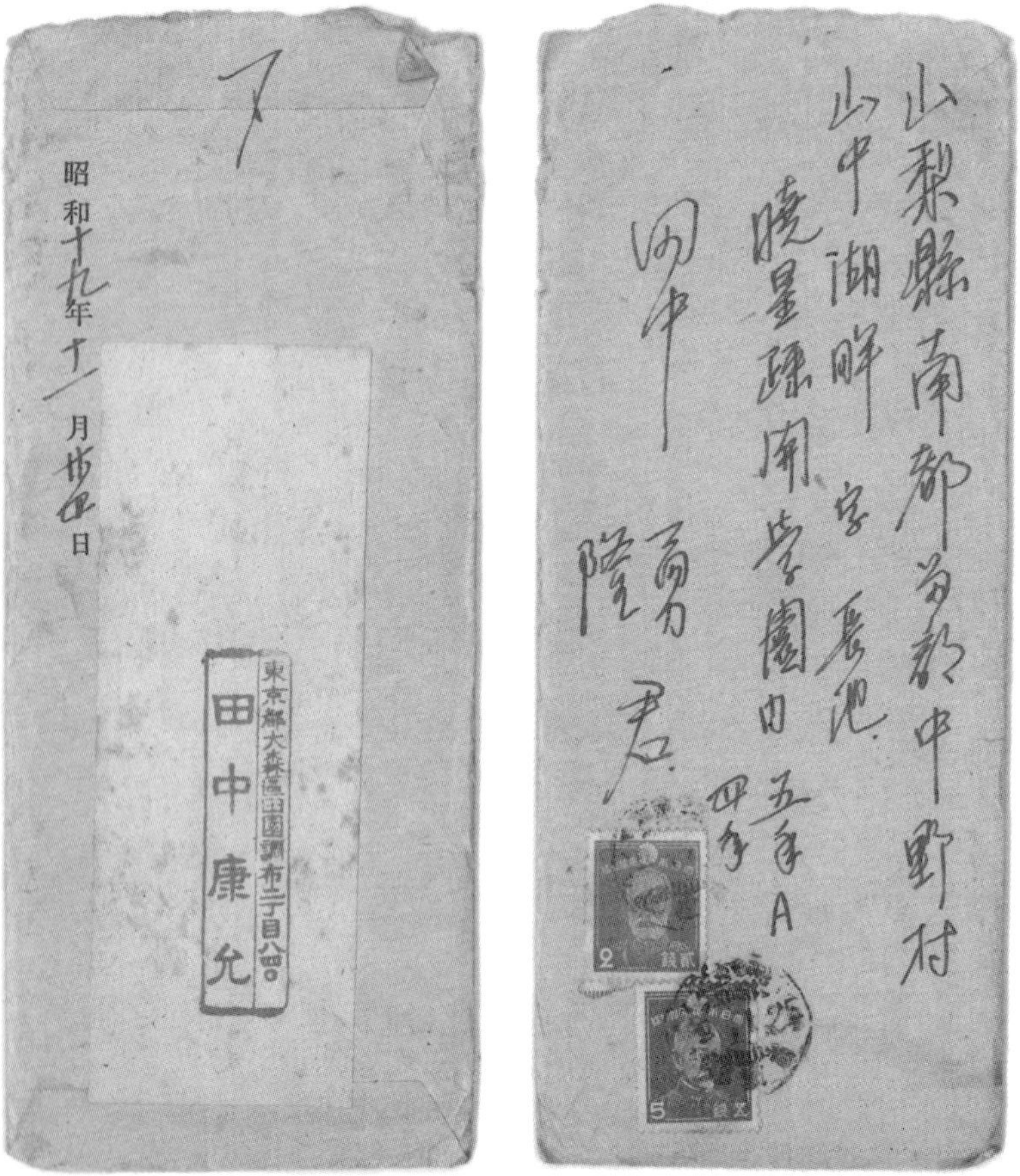

父田中康允が、勇と隆兄弟に宛てた書簡
（昭和 19 年 11 月 24 日）

――十月十日沖縄大空襲、二十三～二十六日レイテ沖海戦で、日本海軍が敗北、二十五日神風特別攻撃隊が出撃する。

［昭和十九年十月十日付葉書］田中勇（浜名郡舞阪町舞阪丸文）発、田中康允（東京都大森区田園調布二―八四〇）

きのふの夜ぶじにつきました。

車内では窓きはてゐましたが、舞阪でをりる人といっしょに出なければ出られないやうです。丸文についたら女も男もすもうをみてゐたのをやめて、出むかえてくれました。こんどの土曜ふ（日）に行くさうです。

ショウスケ（父の末弟將介＝三男）ケンキデベンキョウシナ。

［昭和十九年十月十四日付葉書］田中勇（前同）発、田中康允、和子（前同）宛

お父さん、お母さん、お元気ですか。ぼくは作（昨）日（十月十三日）に正光寺につきました。

えきから四キロばかり歩いたので、とてもつかれました。おなかはもうよくなりま

した。このごろはとてもおなかがすいてたまりません。食べてから二三時間たつとぺこぺこになります。作（昨）日は、てんりゅう川へ行ってみましたが、ねずみ色でとても急流でした。こちらの学校の人たちはとてもしんせつです。

ではそやうなら。

ショウチャン（三男＝將介）コチラニハ、トテモタクサン、サカナヤカヘルガイルヨ。サヤウナラ

［昭和十九年十月十四日付］田中勇（静岡県浜名郡豊西村、正光寺内）発、田中康允、和子（前同）宛
お父さん、お母さんお元気ですか。ぼくは、十三日の日に正光寺につきました。浜松まで汽車に乗りました。その時、丸文のをじさんに、かっぱといふ、あだなをつけました。浜松からすごいぼろな電車に乗りました。その電車はぼくたちだけで、後の電車はふつうの人ののる電車でした。それはとても早いでした。えきから四キロばかり歩くと、田の中に大きなお寺がありました。それが正光寺でした。
お寺へ来ると、中に四年生が入るお寺や、女学校がありました。さうして国民学校

の人が全部むかえてくれました。

ついてみたら、もう二時でした。そうして入寺式をしてから、少ししか入っていないべんとうをたべて、おしゃうさんからいただいたさつまいもで、どうにかおなかをこしらへました。

ぼくのおなかは、もうよくなりました。このごろは、とてもおなかがすいてたまりません。たべてから、二、三時間すると、ぺこぺこになります。

昨日十三日、てんりゅう川へ行きました。ねずみ色をした水が、ごうごうとながれてゐます。川原には石がいっぱいあります。

その中から、かる石をさがそうと思いましたが、ありませんでした。

正光寺からてんりゅう川まで、三〇分ぐらゐ歩きます。それがいなか道なので、とてもつかれます。

ぼくの室は本堂です。さうして、室長にはぼくがなりました。その晩はとてもよく眠れました。今日は、ついてから二日目なので、お寺の中を見せてゐただきました。そして冬の物を出しました。

めえりのふくの、長ずぼんあったらもってきてください。来る前の日に、神田君と石坂君とぼくと三人で、みそを取りに行ったので、みかんと柿を一つづつ、ないしょで先生にいただきました。

ではお体をお大切に。

さやうなら

勇

十月十四日

お父さん

お母さんへ

これはへびのぬけがらです。

（註—その後間もなく、父は東調布第二国民学校から私立の暁星小学校へ転校をする。私が聞いた話では、東調布第二国民学校よりも私立の暁星小学校の方が、学童集団疎開などにおける環境や食糧事情が良いので、息子を心配した父親（私の祖父）が、より環境が良い私立の暁星小学校へと転校させた、ということであるが、定かではない。これによって、長男だった父をはじめ、下の二人の弟たち全員が暁星小学校へ通うことになった。

暁星小学校における父の学童集団疎開場所は、山梨県南都留郡の山中湖畔にある三井別荘であった。その頃の戦局は益々厳しくなる。）

［昭和十九年十月二十五］　田中勇発、田中康允宛

お父さん　お母さん

その後お元気ですか。僕は元気です。こちらの生活もだいぶなれました。こちらの朝のたんれんにもすっかりなれました。

お母さんはとてもよい時にお帰りになりましたね。そのあくる日から今日までずっと雨と風でした。

来週の水曜日は暁星の開校記念日なので、お話をすることになりました。勉強はだいぶんおひついて、もうへいきです。急ぎましたから字がみだれてすみません。

お父さん
お母さんへ

勇

田中隆（註―父勇の次弟、庸介の事）発、田中康允宛（前封書への同封の書簡）

お父様　お母様　おねえ様　将ちゃん

そのごおかはりないことととと思ひます。ぼくは元気で、こちらの集団生活をしてゐます。十一月の一日は暁星のかいこうき記念日なので、学げい会をすることになりました。お兄さんはお話をしますが、ぼくはなにもしません。おやつもべんてん島よかづっといいです。きのうの午後は、づぐわをかきました。かいたづぐわは、みんな(の)へやのなかへはり出します。今あちらで紙芝居をやっています。

今日は土曜日ですから、べんきょうは午前中だけです。又あとでゆっくりこちらのやうすをしらせますさやうなら

隆より

お父様
お母様

将介ちゃん
お手紙ありがたう。七十機のB二十九と戦争したやうですね。

これからもたびたび空襲があっても落ち付いて、しっかりたいひ（退避）をやって、早く大きくなりなさい。

時間がないからこれでやめるが、返事を忘れぬやうに。

それからお父さんに、カスミ網をもっと送って下さい。

午前十時ごろまでに、しちふから（シジュウカラ）とひわ（ヒワ）などを五羽取（獲）りました。

勇

将介へ

［昭和十九年十月三十日、葉書］田中勇発、田中康允宛
お父さん、その後おかはりありませんか。ぼくは元気です。
一作（昨）日、ニュ（ー）グランドホテルで三浦たまき先生が、ぼくたちに歌を歌っ

てくださいました。

その時、お母さんも一っしょに行きました。

とても高い、よい声でした。

そのかへりに、旭ヶ丘の食堂で、カレーライスをいただきました。

さうして帰りは三井さんまで、ポンポン船で来ました。

作（昨）日、僕がお母さんと部屋にゐると。小鳥がガラスにぶつかって、おっこちたのを取（獲）りました。

さうして、それをにがしたところ、とてもよい声で鳴くので、をしいこと（惜しいこと）をしたと思ひました。

では、さやうなら。

しょうちゃん（将介）も、しっかりべんきゃう（勉強）をして、よいせいせき（成績）を取ってください。おかあさんに、きんもうる（金モール）をく（か）ってください、といっといて（言っておいて）ね。

［昭和十九年十月三十一日付］

お父様
お母様
將ちゃん
僕は元気です。將介も九段の本校に通ってゐるさうですね。
二十六日から定期乗車券も買って、一人で通ふのですね。
明日は暁星の開校記念日です。十一月一日は、東京でもなにかよもほし（催し）があるでせう。もう記念日にするお話も覚へてしまひました。
今手紙の書けでお風へ入りました。（今手紙を書いてお風呂に入りました）一番早かったので、とてもきれいなおゆでした。
とてもあついので、赤くなって、ゆでたこのやうになりました。
お手紙をください。

勇

お母さんへ
僕は元気で、毎日集団生くわつ（集団生活）をやってゐます。

今お風呂（に）入ったばかりで真赤になりました。

隆

［昭和十九年十月三十一日付葉書］田中勇発、田中康允宛

お父様お手紙どうも有りがたうございます。将介も一人で学校へかよへるやうになったさうですね。それから参考書があったら送ってください。それからお母様に金モール（暁星小学校の制服に使う金モール）があったら送ってくださいと、おっしゃってください。お体をお大切に。

将介に

将ちゃん、もう一人で学校へ行けるやうになったさうだね。しっかり勉強して、えらい人になってください。

——十一月二十日人間魚雷「回天」が初の特攻、二十四日東京に初空襲される。

［昭和十九年十一月一日付葉書］田中勇発、田中康允宛

将ちゃん、

元気で毎日学校へ行ってゐることでせう。兄さんは元気です。今日は開校記念日で、

小学芸会で、お話をしましたよ。

今日は学校もおやすみで、たのしいでせう。

今、くうしゅうけいほう（空襲警報）がなりました。

東京の方はどうですか。

お父さんにカスミ網のところを先生がごらんになって、ぜひ送ってくれとをっしゃってゐらっしゃいました。

では、お手紙を待っています。


［昭和十九年十一月二日付］田中勇発、田中康允宛

お父さん
お母さん
僕は元気です。作（昨）日の記念日はとても面白いでした。
六年生のぽんぽこ祭といふのが一番面白いでした。その下は僕でせう。まさかそんなによく話せませんでした。

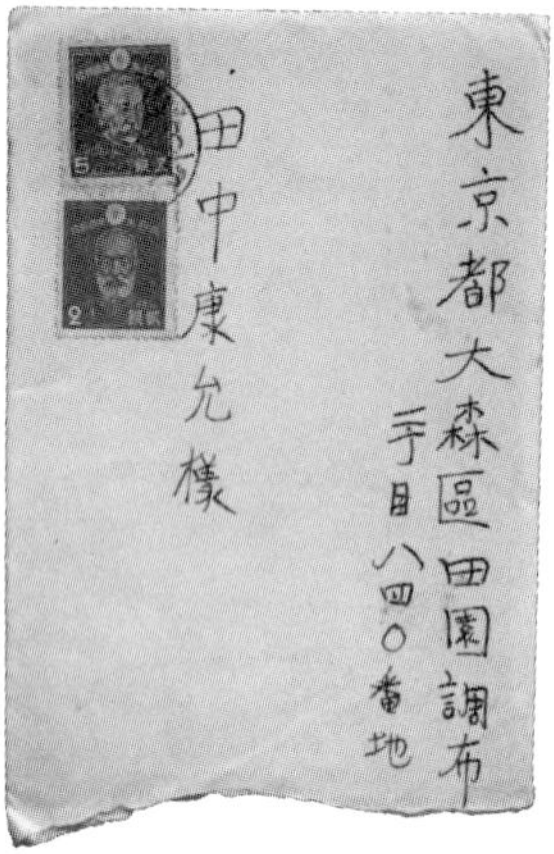

東京都大森區田園調布
二丁目八四〇番地
田中康允様

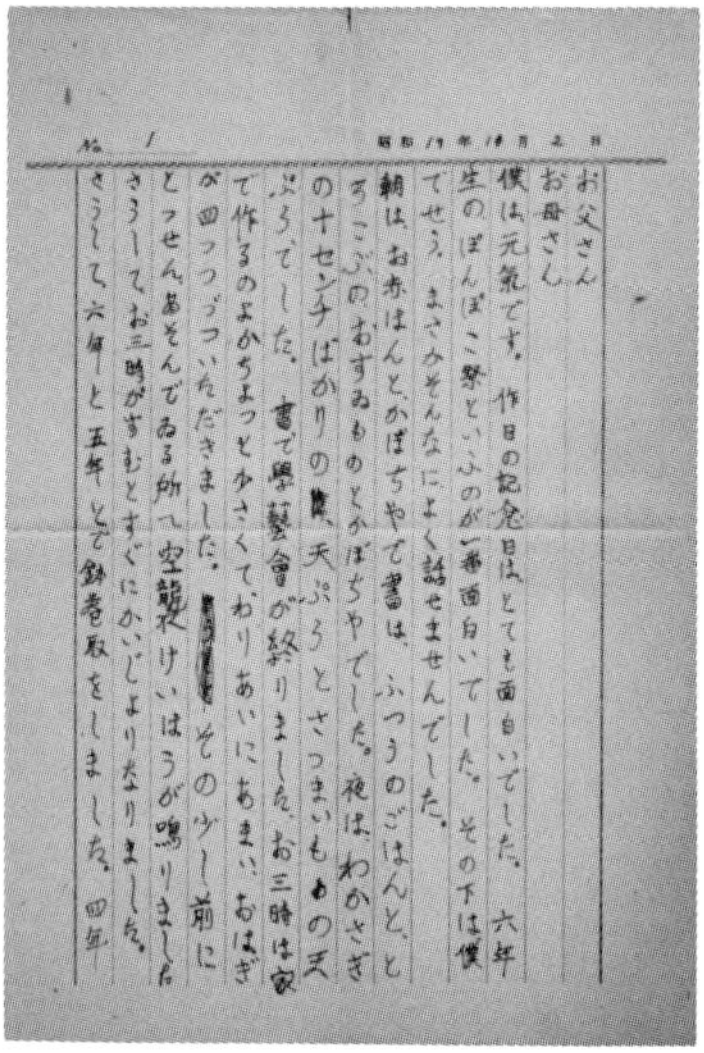

No. 1　昭和19年11月2日

お父さん
お母さん
僕は元氣です。昨日の記念日はとても面白いでした。六年生のぼんぼこ祭といふのが一番面白いでした。その下は僕でせう。まさかそんなによく話せませんでした。
朝はお赤はんとかぼちやで晝は、ふつうのごはんと、とろこぶのおすゐものとかぼちやでした。夜は、わかさぎの十センチばかりの魚、天ぷらとさつまいもの天ぷらでした。晝で學藝會が終りました。お三時は家で作るのよかちよつと少さくてわりあいにあまい、おはぎが四つづついただきました。[redacted]その少し前にとつせん、あそんでゐる所で空襲けいはうが鳴りましたさうしてお三時がすむとすぐにかいじよりなりました。
さうして、六年と五年とで鉢巻取をしました。四年

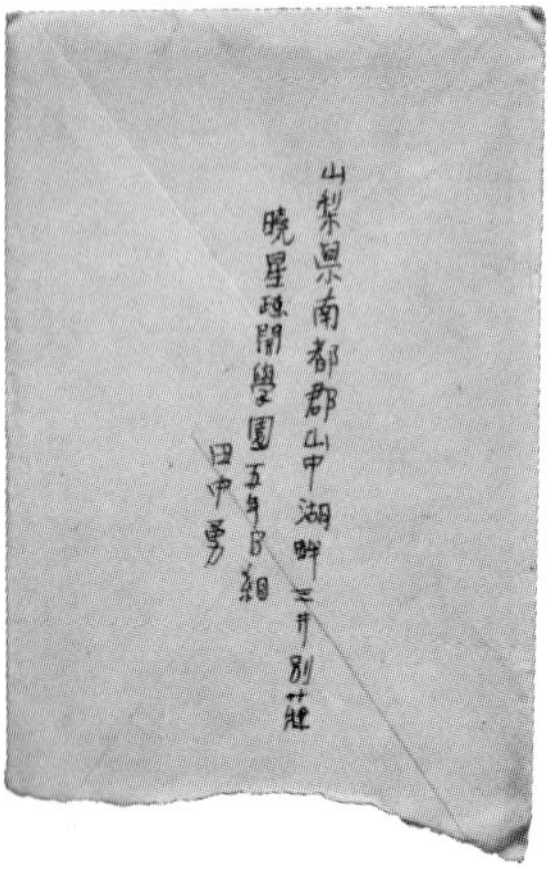

山梨県南都留郡山中湖畔三井別荘
暁星疎開學園五年B組
田中勇

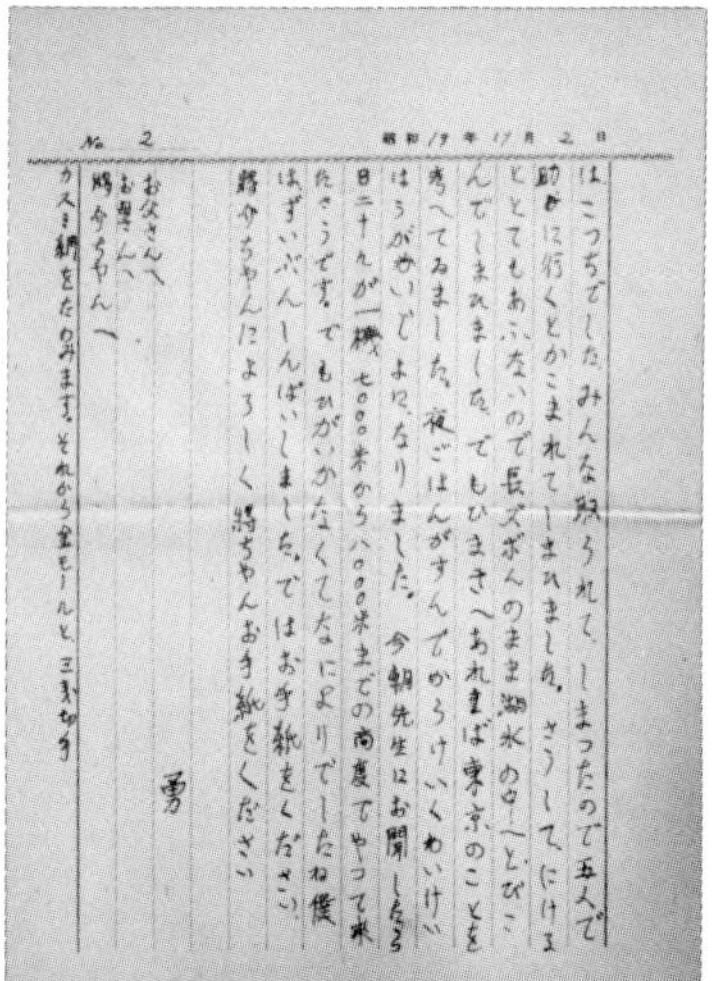

No. 2　昭和19年11月2日

は二つちでした。みんな取られてしまつたので五人で助けに行くとかこまれてしまいました。さうしてにげますととてもあぶないので長ズボンのまま湖水の中へとびこんでしまいました。でもひまさへあれば東京のことを考へてみました。夜ごはんがすんでからけいかいけいはうがかいじよになりました。今朝先生はお聞きしたらB二十九が一機七〇〇〇米から八〇〇〇米までの高度でやつて来たさうです。でもひがいがなくてなによりでしたね僕はずいぶんしんぱいしました。ではお手紙をくださこい
勝ちやんによろしく勝ちやんお手紙をください

勇

お父さんへ
お母さんへ
勝ちやんへ

カスミ網をたのみます。それから虫ピンと、三角紙

父に心配をかけまいと自分の健勝を伝え、空襲警報を聞いて東京の家族を案じている。

朝は、赤はんとかぼちゃで、昼はふつうのごはんと、とろろこぶのおいゐものとかぼちゃでした。夜はわかさぎの十センチばかりの天ぷらとさつまいもの天ぷらでした。

昼で学芸会が終わりました。お三時は家で作るのよかちょっと小さくて、わりあいにあまい、おはぎが四つづついただきました。

その少し前にとつぜん、あそんでゐる所へ空襲けいほうが鳴りました。そうしてお三時がすむとすぐにかいじょになりました。

そうして六年と五年とで、鉢巻取りをしました。四年は、こっちでした。みんな取られてしまったので、五人で助けに行くとかこまれてしまひました。さうしてにげるとてもあぶないので、長ズボンのまま湖水の中へとびこんでしまひました。

でもひまさへあれば、東京のことを考へてゐました。

夜ごはんがすんでから、けいくわいけいはうがかいじょになりました。

今朝先生にお聞きしたら、B29が一機七〇〇〇米から八〇〇〇米までの高度でやって来たさうです。でも、ひがいがなくてなによりでしたね。

僕はずいぶんしんぱいしました。では、お手紙をください。

将介ちゃんによろしく。将ちゃんお手紙をくださいさい。

お父さん
お母さん
將介ちゃんへ
カスミ網をたのみます。それから金モールと三銭切手。

勇

[昭和十九年十一月二日付] 田中康允（東京都大森区田園調布二丁目八四〇）発、田中勇（山梨県南都留郡中野村山中湖畔字長池、暁星疎開学園）宛

勇さん、隆さん

たびたびお手紙をありがたうございます。そちらの生活にも、もうすっかりなれたことと思ひます。お勉強にも鍛錬にもみなさんに追ひつけましたか。しっかりがんばって下さい。今日たびを二足づつ小包で送りました。この前のが大きすぎたやうでしたので、少し小さく作りましたが、どんな具合ですか。

この次に参考になりますから、様子を知らせて下さい。

將介もすっかり暁星になれまして、一人で電車通学も出来るやうになりました。

八日は運動会ださうです。

それからオヴアーが入用ならば送りますが、先生やお友達にうかがってみて下さい。

金モールは英吉叔父様が今、週番でずっとお留守ですが、おかへりになったらおねがひして買って来ていただきませう。

　では元気で。

先生方や皆様のおっしゃることをよく守って、強い立派な子供になって下さい。

谷本さんの叔母様へもよろしく。

母より

平岡光子（父勇の従姉）発、田中勇、隆宛（前掲の田中和子の封書に同封された手紙）

勇さん、隆さん。

お元気ですか。こちらは皆元気にして居ります。今度の疎開地は好い所だそうですね。富士山が見えるそうでうらやましく思ひます。おおいに心身をねって立派な人になって下さい。

さて、こちらのニュースをお知らせしませう。

昨日（十一月一日）は、私が工場から午前中で帰って来て、將ちゃんと二人でお留守番して居りました。

二時頃急にさいれん（サイレン）が鳴って、けいかいけいほう（警戒警報）になりました。大急ぎで防空服にきがえて、鉄かぶとやリックをお玄関へ出しました。

高射砲の音がバンバンして、飛行機が沢山とんで居ました。そして隣組へ伝達して帰って来るとすぐ、空襲けいほう（警報）です。すぐに「ぼうくうごう（防空壕）」へ入って居りました。

一時間してかいぢょ（解除）になりました。

そしておばちゃまが帰っていらっしてからけいかいけいほう（警戒警報）がかいぢょ（解除）になりました。

おすみさん（田中家の女中）もおぢ（叔父）ちゃまも帰ってゐらっしゃって、早く御飯を食べ、家中のカーテンをしめてねました。

九時半頃、又けいかいけいほう（警戒警報）が出て、皆、防空服を着てねました。朝になってもかいぢょ（解除）にならなかったで、將ちゃんと私はお休みでした。

十時頃かいぢょ（解除）になりました。

明日は明治節なので、お式をします。今日は風がとてもあって、お茶の間の前のおえんがわ（お縁側）のガラスがガタガタいっています。

おすみさんは今日から十一月いっぱい田舎へ帰りました。

おばちゃまは今、谷本さんの所へゐらっしゃいました。

將ちゃんもお友達が出来て、元気に学校へ行って居ります。では又お便りします。

これから寒くなりますからお元気で。さやうなら。

勇さん
隆さんへ

みつ子より

十三時七分

田中將介（父勇の末弟）発、田中勇、隆宛（前掲の田中和子の封書に同封された手紙）

にいさん。おげんきですか。

このあひだは、おてがみありがたう。こちらもげんきです。きのふ、くうしふけいほう（空襲警報）がありました。では、さやうなら。

勇さん

隆さん

將介

［昭和十九年十一月三日付葉書］園節子（東京都渋谷区穏田一の一青山アパート四の四七）発、田中勇宛

お便り拝見、元気で御過ごしのことを喜んでをります。此度そちらの学校へ入れて頂いた由、嬉しく一生懸命に勉強と身体を作ることと、心をみがくことの三つを御願ひします。

河部中尉殿の様な人となる事をたのしみにしてゐます。

また、富士山の雄大な姿と向ひ合って、大きな深呼吸を毎日して御らんなさい。男に必要な腹が出来ます。

何を考えるにも一つでもよいから、毎日の日課をお願ひします。それと規則をよく守る事は、男らしくなる道程です。

愉快にお過ごし下さい。

（園節子は、勇＝基之の母和子の父方にあたる親戚。生花青山御流の宗家に連なる一族で公家、元皇族、華族の家柄）

［昭和十九年十一月四日付葉書］田中勇発、田中康允宛

お父さんお元気ですか。今日は明治節です。作（昨）日あんなよい天気だったのに、今日は雨でつまりません。作（昨）日映ぐわかいしゃのかたがいらっしゃって、一週間ばかり月曜日あたりから、僕たちをさつえいして、南方へ送るさうです。では、お母さん、將介によろしく。お手紙を待ってゐます。

［昭和十九年十一月四日付葉書］中西進（東京都芝区白金三光町二五六）発、田中勇宛（中西進は田中康允＝田中豊の兄。田中勇の叔父）

御葉書嬉しく拝見しました。元気に山中で新しい学園生活に入れて頂いてゐる由、

何より安心しました。良い御友達も沢山出来、先生の御命令も立派に守ってゐる事と思ひます。

之れから日増しに寒くなることと思ひますが、躰の練成を怠らずして何んな寒さにも打勝つ様にならなければゐけません。

隆君にもくれぐれも宜敷く。

桂子（勇の従姉）からも近日手紙を御出しするそうです。

［昭和十九年十一月葉書］平岡光子（東京都大森区田園調布二丁目八四〇田中方）発、田中勇宛

勇さん、隆さん、お手紙、ありがたう御座居ました。お元気に疎開生活をして居らっしゃる御ようすがよくわかり、安心致しました。

そちらは本当に綺麗で好い所だそうですね。私はうらやましくなりました。でも女学生は疎開出来ないのでつまりません。でも一生懸命工場へ行って、戦力増産の為に働いて居ります。今日も土曜日でしたが、普通どおりで四時頃帰ってきました。明日は日曜日ですが、やはり工場へ行きます。

目蒲線（平成十二年八月六日に目蒲線は、目黒線と東急多摩川線に分割されて消滅した）で（の）下丸子で下りて、十分位歩いた所にある工場へ行きます。

一分の休まるひまも無い程、モーターや電気がガーガーピーピーブーンブーンと鳴って、頭が痛くなりそうです。

でも、お休み時間に屋上へ出て、新しい空気を吸ふのが楽しみです。

今日はおいもの配給が工場でありました。茶色のさつまいもを五、六本頂きました。

お家ではおすみさんが帰って居ないので、皆で働いて居ります。

お母さまは勇さんや隆さんのブルマーをあんでいらっしゃいます。

そちらは随分寒い事でせう。風（邪）をひかない様によくたんれんして、丈夫な体になって下さい。

お父様は此の頃は、とりの世話や畠のこと色々なさいます。

将ちゃんはとても元気で、学校へ通っています。今朝は、えいちゃんをぢちゃんと将ちゃんと私と三人で駅まで行きました。

ではお元気で。又、お手紙出します。

さようなら

［昭和十九年十一月六日付］田中勇発、田中康允宛

お父様
お母様
たびたびお手紙、ありがたうございます。

こちらの生活には、すっかりなれました。

勉強も夜の自習で、どうやら追いつきました。

小包は作（昨）日つきました。手紙の方が一日おくれましたね。はいてみるととても具合がよいです。

将介ちゃんも暁星になれて一人で電車通学をしてゐるそうですね。

八日は運動会ださうですね。将介が一等だとよいですね。

それからオウヴァーが入用か、みんなに聞いてみると、作（昨）日の夜など夜お使いに行く事あるからとのことで、寒くなったら入用ださうです。ですから、なるだけなら送ってください。

作（昨）日、園のおばさまからおはがきをいただきました。今日は、中西の叔父様からおはがきをいただきました。
では、おからだをお大切に。さやうなら。

勇より

お父様
お母様へ
十一月六日
参考書とふうとうを送ってください。
（同書簡には、従姉の平岡光子宛の手紙が同封されている）

光子姉さん
そちらは皆元気ださうですね。こちらは、とても寒いです。今朝は四度半でした。富士に雪が四分の三ばかりつもって、朝日がてって、金色に見えてとてもきれいです。
二時三十分にもこちらでサイレンが鳴って、空襲（警報）がとつぜん鳴ったので、ぶったまげました。
でもみんな、半ズボンで手紙を書いたり、本をよんだりして、とてものんきでしたよ。
きょうもけいかいけいほうがなりました。まだかいじょになりません。
二日の日は休みで將介が喜んだでせう。
では、さやうなら。ゑのぐのふで洗（い）があったら送ってと言ってね。

勇より

光子姉さんへ

[昭和十九年十一月八日付] 田中勇発、田中康允宛

お父様
お母様
光子姉さん
かはいい將ちゃん
その後、お元気の事でなによりです。
昼のごはんの前に、先生からうれしいお手紙をいただきました。

朝は僕たちより一時間も早くから起きて、御飯をたいたりして、たいへんですね。将介も毎日元気で飯田橋へ一人で通ってゐるさうですね。暁星へ入学してから元気になっなって、おくびやうでなくなったさうでなによりですね。一生懸命に勉強してゐるさうですね。

今日は運動会ださうですね。運動会のやうすをおしへてください。

今日は、こんどひっこすドイツ人の家を大さうじすることになったので行きました。お母様、自動車でこちらに来る時、山中湖のそばを通って、疎開学園のちょっと前のところで林があって、湖水が見えなくなりましたね。

あそこのところで、とても見はらしがよいです。雨の中をバケツの水を三井さんら運んだりしました。今お三時をいただきました。では、さやうなら。

勇より

お父様
お母様

十一月八日

一番すきなの（は）手紙、それから御飯とお三時。

今度僕はA組にかはりました。

［昭和十九年十一月八日付葉書］　田辺美佐子（東京都大森区田園調布二丁目八四〇）発、田中勇宛（田辺美佐子は、田中和子の妹）

基之（勇）ちゃん、庸（隆）ちゃん、御元気ですか。山中湖はとても美しいでせう。二人一緒だからそして御食事も楽しいし、景色もよいし、とてもよい疎開でしたね。御家でも皆安心していらっしゃいますよ。

おばちゃまも安心です。

紅葉は散りましたか。又いつか御母様と御一緒に面会に行きますよ。御たより下さい。

さよふなら

［昭和十九年十一月九日］　田中勇発、田中康允宛

お父様

お母様
お元気ですか。僕は元気です。

今日は、ドイツ人のヘルムさんの（家）に行って、外とたたみをふいたり、とだなをふいたりしてはたらきました。

その時、校長先生がゐらっしゃいました。眼がねをかけたとてもよい先生ですね。

今、御飯をいただいたあとで、ゲームをしてゐらっしゃいます。

今日、校長先生と映画会社の方がみえました。

明日から見て、二三日したらうつすさうです。

大たき先生は、お兄様が出せいなさるので、一番で東京へ行らっしゃいました。

では、これでやめます。早くカスミ網を送ってください。

さようなら
勇より

お父様
お母様へ
十一月九日夜

ふうとう（を）送ってください。

（同書簡には、末弟の將介宛の手紙が同封されている）

かはいい將介ちゃん。

うれしいお手紙ありがたう。今日、うれしさと、なつかしさといっしょで読みました。

木のはっぱは、とてもうれしい送（贈）り物でした。どうもありがたうございます。

そちらは皆元気ださうですね。

二日の日は学校がお休みで、つまらないでせう。

暁星にはすっかりなれたさうですね。お友達が沢山出来ましたか。電車通学もなれたさうですね。

朝夕こむから気を付けてくださいね。

八日の運動会では一等を取ってください。

山本君とは遊びましたか。光子姉さんの手紙に將介ちゃんと山本君のえが書いてありましたよ。

ちかごろ多摩川へ行きましたか。

では、お手紙をくださいね。

では、さやうなら。將ちゃんのしゃしんを送ってね。

兄　勇より

かはいい將介ちゃんへ

十一月六日

［昭和十九年十一月一〇日付葉書］田中康允発、田中勇宛

五号生徒君！（勇のこと）御手紙有難う。寒くなったので、今迄よりもっと元気を出さないといけません。

勉強も大分追着いたそうですね。しっかり勉強して下さい。

此の前五号生徒は昨日の字を作日と書いてあるので注意しましたが、未だ作日と書いてあります。作の字は作文の作でツクルと言ふ字です。キノウの時の昨は此の日へンの字です。江田島（海軍兵学校の事、父勇の子どもの頃の夢は、当時の一般的な子どもたちと同様に、海軍兵学校に入学して海軍将校となって飛行機を操縦する事であった）

では二度と過ちをしない様に生徒全体が注意してゐます。以後（コレカラ）注意し

なさい。

カスミ網は校長先生に御願ひ致しました。大きな目は鴨を獲る網です。

毎日崇高（ケダカイ）感じのする富士山を見ながら楽しく皆様と生活出来る事は幸福な事ですから、何があっても富士山の様に高く形の変らない強い日本人になって下さい。

先生や寮母さん方に宜敷く申し上げて下さい。

では元気で勉強しなさい。写生を早く送って下さい。

［昭和十九年十一月十一日付］田中和子（東京都大森区田園調布二丁目八四〇）発、田中勇、隆宛
勇さん、隆さん。
お手紙をたびたび有難うございます。クリスマスカードの入ってゐるお手紙を今日、いただきました。ドイツ人の家へお引越しがあるそうですね。いつ頃お引越しになるのでせう。
先生をはじめ寮母さん方もお忙しいでせうね。よくお手伝ひをして、自分の持ち物

やお友達の物の整理も気をつけて、立派にお引越しをして下さい。

十二月にはお母様もそちらへうかがひたいと思って居ります。

ゐのぐの筆洗ひも買ってありますが、小包ですとこわれますから、今度行く時に持って行きます。三銭の切手はなかなかありませんし、そのほかの切手も沢山一どに売ってくれませんから（郵便切手も配給制で戦争末期には入手困難となっていた）少しづつ送ります。

あしたの晩は須磨のお叔父様がいらっしゃいます。いらっしゃたらは、田辺のお叔父様やお叔母様や美ちゃんやみんなでよせ書きをしたお手紙をあげませうね。将介は毎朝美ちゃんと代々木駅まで一緒に行きます。七時十五分に美ちゃん、叔父様がお玄関までさそひに来て下さるのです。ですから六時には起きます。

将介もなかなか頑張ってゐますよ。先日の空襲警報の時も一人で平気な顔をして学校から帰って来ました。この前のお手紙にも書いたやうに、家中元気で働いてゐます。僕達も日本一の富士山のふもとにゐて、頑張ってゐて下さい。

富士山は遠くの方からもよく見へます。お家のお二階から白い雪をいただいた美しい姿が見へます。

富士山の下には、勇さんや隆さんがゐる、と。ほんとうに日本一の目じるしとなりますね。ですから富士山を見ると僕達も見るやうな気がします。今日は今、ファーリストフからきれいな菊の花を沢山買って来ました。応接間にもお茶の間にも花をさしました。プンプンと菊の花の香りがします。

今晩は八時からお家で隣組の方が集まります。下駄のくじ引をするためです。そして防空の事もいろいろ御相談します。桂子ちゃん（中西桂子の事。父勇の従妹）へもお手紙をあげましたか。文郎叔父様へも（入江の親戚）書いておあげなさい。封筒はそっちに送ります。レターペーパーもこのやうに倹約して書かないとじきになくなりますよ。それから折り畳み式の本箱（僕達の部屋にあった）がもし入用ならば、この次に行く時にチッキ（鉄道による手荷物輸送）で送りますが、どうしませう。学用品の整理に棚が少ないと困るのではありませんか。先生にも御相談して、入用ならば送ります。ポータブルの蓄音器も修繕して入用ならば持って行きます。

では寒さに負けぬやうに元気で。

朝のはだか体操もなれたそうで何よりです。

では、さやうなら。

母より。

勇君
隆君

同封のお手紙を谷本さんの叔母様にあげて下さい。
切手は二人でお分けなさい。

［昭和十九年十一月十一日付葉書］田中將介発、田中勇、隆宛

兄さん、お元気ですか。ぼくもげんきで、べんきゃうをします。
兄さんもしっかりべん気（き）やうをして下さい。
この間の急行けん（券）はかってありません。兄さんもおてがみをください。
ぼくはまいにち、かんげた（葉書の隅の余白に母の和子が、〃かんげた〃について、
鮭の罐詰の空罐の下駄と説明が記されている）であそんでいます。
では、さやうなら。

將介

（葉書の余白には、〝かんげた〟の説明に続いて、和子が次のような文が添えられている）

今夜のラジオでは又、大戦果です。桂林かんらくです。ばんざい。

今夜はみんなで、お手紙を書きました。桂子ちゃんへも、よせ書きのお手紙を書きました。

おすもうの番付をあした送ります。

［昭和十九年十一月二三日付葉書］　平岡鉄太、直子（神奈川件葉山町一色一録七六）発、田中勇宛（平岡鉄太は、勇の父方本家の平岡家の叔父、平岡直子は勇の祖母）

勇さん、先日はお手紙を有難う存じました。

おばあ様はリウマチで、筆を持てないので書けませんが、足の他は元気ですからお案じにならなくてもよろしいです。

そちらはもう寒いさうですね。

先日、お父様、お母様がお見えになって、こんどはとてもいいとよろこんでいられましたよ。

葉山も段々とさむくなりますが、皆元気でいます。

そろそろ照子は、農家へ勤労奉仕に行く事でせう。

お芋が貰えるのでよろこんでいます。うちの畑のも一つが三百匁くらひのがとれました。今、お大根や小松菜が大きくなってとてもきれいですよ。

一ぺん山中湖へ行って見たひと思ひますが、うちも女中もいないし、お祖母さんのねたきりで、中々ひまが有りません。ヨーチャン（庸介＝隆）へもくれぐれもよろしく。

さむいですから風邪をひかぬ様になさい。


小母さんより。

［昭和十九年十一月一六日付葉書］田中勇発、田中和子宛

お父様、お母様、お葉書ありがたう御座居ます。

僕は毎日元気で勉強をしてゐます。東京では、一週間位家中風邪をひいて大変でしたね。

風邪となると將ちゃんが一番ですね。美佐子叔母様が病気中お世話をして下さったさうですね。

將ちゃんもお父様も十二日から学校や会社へいらっしゃったさうですね。早く十九日の来るのを待ってゐます。

では、光子姉さん、將ちゃんによろしく。では、お体をお大切に。左様奈良。

［昭和十九年十一月十七日付］田中隆発、田中康允宛

お父様　お母様

そのごおかはりないことと思ひます。ぼくは元気で一日を送っています。この間小包をどうもありがたうございました。こちらはもう火ばちを入れています。朝はしもがおりて、はだしでうんどうぐつをはいたりすると、とてもつめたいです。

今日の朝は二度でした。十三日から朝日映画会社の人たちが、日ノ丸通信というだいで、南方へ送る映画をさつえいしてくださいました。本校でもやるさうですから、ぜ（ひ）見て下さい。とった場面は、十三日はのうこうをしているやうすと食事をしているとこ（ろ）とスケッチをしている（ところ）のです。

十四日は、朝礼と体操とかけ足をしているところと、野外けうじゅをしているところです。十五日はつりとじびきあみと室（部屋）で遊んでいるところです。

じびきあみのときは、とてもおほきなこひが取れましたよ。重さが三ぐわん二百もあったさうです。それを三井君のお父さんが買って、ぼくたちにごちさうして下さいました。こひのおつゆとおさしみです。とてもおいしいです。

十三日の夜、慰安会が長池の学校でありました。一、ぶよう。二、指笛。三、アコーディオン。四、かよう曲。五、万ざい。六、歌。五番の人は東喜代駒さんといふゆうめいな人です。これが一番面白いでした。

では、おからだを大切に。さやうなら。

隆より

お父様
お母様へ

面会に来て下さい。
將ちゃん、元気で勉強しなさい。

將ちゃん
　しばらくお手紙をあげなくてごめんね。
ぼくは元気だよ。

では、さやうなら

［昭和十九年十一月一八日付葉書］田中勇発、田中康允宛

お父様、お手紙ありがたうございます。

暁星の運動会に行らっしゃって、一等ださうですね。

將介ちゃんは、運動会でびりださうですね。

今日はとてもよい天気です。今朝は一糎くらい、しもがはしらが出来ました。

鴨を獲る網はどうやってはるのですか。早く面会に来てはってください。

それから参考書は国語と算数です。

では、將介に、しっかり勉強するやうに行ってください。

しゃしんを、たのみます。

［昭和十九年十一月十九日付葉書］田中勇発、田中康允宛

お母様、その後お元気ですか。僕は元気です。今日は、日曜日でとてもよい天気です。雲一つない空に、日本一の富士山が高くそびえて、とてもよいけしきです。

この間、お母様が僕をつれてゐらっしゃった時より、きれいです。僕をつれていらっしゃった時、おうせつ室の窓から少し小さな女の子がゐましたね。あれは、武藤君の妹でした。

昨日、武藤君のおぢさんとおばさんが昨日二人でゐらっしゃいました。今、武藤君は、おぢさんやおばさんと旭ヶ丘へ行きました。

ゑはがきを将介にたのまれてゐますが、買ひに行けないといってください。

［昭和十九年十一月二〇日付］田中康允発、田中勇宛

勇さん、十七日に書いたお手紙を今日いただきました。（二十日）

慰安会があったり、映画の撮影があったり、鯉のごちそうをいただいたり、そのほかいろいろとそちらのたのしそうな様子を知らせて下さって有難うございます。

寒さにも負けずに、元気でゐるそうで何よりです。

先生をはじめ、よその小父様方がいろいろと疎開の子供達のために心配して下さって、ほんとうにありがたいことです。

ですから勇さんも、しっかり勉強して下さいね。

勉強もなかなかよく出来る方もいらっしゃいますから、第二（註―勇は昭和十九年十月まで、東調布第二国民学校に通っていた。その後、私立暁星小学校に次弟の共に転校した。私が伝え聞いた話では、私立小学校の方が、学童疎開での環境や食事などが良いため、父である康允＝豊が、息子のためを思って、転校させたという事であるから行った勇さんや隆さんが負けぬやうに、一生懸命頑張って下さい。

参考書はお友達はどんなものを持っていらっしゃいますか。

本の名前、本を作った会社の名前を（本の一番終わりの所に書いてあります）お手紙の時に書いて送って下さい。

そのほか、お母様も心がけてさがします。神田（註―本屋街がある神田神保町）の方にでも行って、さがしてみませうね。

東京もだんだん寒くなりました。もみじも美しく紅葉しました。桜の葉が一ぱい散ります。

きのふからケンサンがお庭の手入れに来てゐます。薪も作らなくてはなれませんので、お庭の木を三本ばかり切り倒しました。

あしたは美さ子叔母様の家の防空壕を掘るのです。

お母様は毎日、女中さんがゐないので、忙しく働いてゐます。来月になってオスミさん（註—田中家の女中）が帰ってきましたら、そちらへ面会に行きたいと、たのしみにたのしみにしてゐます。

毛糸のパンツもあと二、三日で出来ますから、出来たらオオヴァーといっしょに送ります。

それから先日の手紙できききましたが、折りたたみの本箱と蓄音器は、入用ならば、今度行く時に持って行きますが、どうしませうか。

ききあわせたことは、お返事をしなければいけませんよ。

本のこと（註—参考書）、本箱のこと、蓄音器のこと、忘れずにお返事を下さい。

では、元気で、　さやうなら

母より

二十日　午後七時

五号生徒！（勇のこと）お手紙ありがとう。元気でゐるらしいので安心しました。

東京でも皆元気です。オスミさんが今月の一日から稲刈りで家へ帰ってゐます。それでお母様はとても忙しそうです。

お父様も今月中には一度行きたいと思ってゐますが、会社の御用が済んだらですから、その積もりで、当てにしないで待ってゐなさい。

映画にも撮影されたそうですね。君等が毎日行ってゐる数々の事が大東亜の各地の人々に見られるのですから、それ丈に一生懸命に此れから後も勉強も体操もしなければいけません。

今夜は此れでさやうなら。

隆君にもヨロシク

父より

(同書簡に同封された、勇の従姉である平岡光子からの書簡)

勇さん。今日お手紙いただきました。面白いお手紙で、そちらの様子が色々わかりました。

〃日の丸通信〃の映画はきっと面白い事でせう。南の兵隊さんがお喜びになるでせうね。

ぢ引きあみで、一米以上の鯉が取れたそうですね。どんなにすばらしかったでせう。一寸そうぞうが出来ません。

それから慰安会があったそうですね。万才や歌や落語や（ら）面白かった事でせう。私達の工場でもこの間、十六日、学生だけで、新宿の第一劇場のお芝居を見せて下さいました。四十七士のお城を渡す所と、鳴神上人と言ふお坊さんやお姫様の出て来るのでした。

此れ頃はこちらも随分寒くなって、お茶の間におこた（炬燵）を入れました。今もおこたの上におぜんをのせて、其の上で書いて居ます。今一寸前までラヂオがおすもうのろく音放送をして居ました。今日で終わりです。そちらでもお聞きになったでせう。

今は戦果です。神風特別攻撃隊がパプロバン沖の輸送船を沈めた事です。本当に此の方達はおえらいですね。日本人でなくては出来ない事ですね。

私達も兵器の部分品を作って居るので、不良品にならない様に努力して居ります。

お庭のもみぢがだんだん黄色や赤に色づいて来ました。それから白レグ（註—白い殻の卵を産む鶏のこと。ホワイトレグホンとも言う）のババーが昨日卵を生みました。

今日は生みません。では又お便りします。
元気でしっかり勉強して下さい。
さようなら
光子より

二十日夜七時十分過ぎ

五号生徒さんへ

（魚のイラストが印刷された紙の裏に、末弟将介の手紙が同封されている）
兄さん、おてがみありがたう。
ぼくは明日からべつかうしゃにうつります。
まへは下だったけれども、こんどは、二かいへいきます。
ぼくのへやはまぐそばっかりです。
兄さん、きんもうるいりませんか。いるんだったらおくってあげます。
兄さん、えはがきおくってください。家にいるえびがにもまだ生きてゐます。
ではさやうなら
勇兄さん

隆兄さんへ

［昭和十九年十一月二十一日付葉書］田中勇発、田中康允宛
お父様、その後お元気ですか。僕は元気で学園生活をしてゐます。今日は暖（か）いです。今、考友ちゃんへ、お返事を書きました。お母様、その後お変わりございませんか。僕は元気です。隆も今、考友ちゃんへ、お手紙を書いています。こちらは、とても暖（か）いです。
光子姉さん、お元気ですか。まいにち下丸子の工場で働いていらっしゃる事でせうね～。
将介ちゃん、毎日元気で学校へ行ってゐることでせう。このごろお手紙がこないので、つまりません。お手紙をください。

［昭和十九年十一月二十二日付葉書］中西葉那子（神奈川県葉山町一色一六八三）発、田中勇宛（中西葉那子は、勇の叔父、中西進の夫人）
お寒くなってきました。その後お元気で、毎日勉強されていらっしゃること伺ひ、

安心いたしております。

湖水のおちかく、ずいぶん色々おもしろいこともおありでせう。でも、せいぜい寒さに負けず、強い子供になって、勉強なさいませ。

葉山も方々の山々が紅よふ（葉）してとてもきれいです。久枝（勇の従妹）も毎日学校に通っております。桂子のところへお手紙を下された由、ありが度ふございました。とてもよろこんでおりませう。

あちらはもう、雪がふっております。

隆さんもお元気ですか。よろしくおつたへ下さい。

ではまた。くれぐれも御身御大切におすごし下さい。

［昭和十九年十一月二十四日付葉書］田中勇発、田中康允宛

お父様、お母様、その後お変わりございませんか。僕は元気です。

今日は一つお願いごとがあります。

始めに知らざるうちに、切手とはがきがなくなりましたから、大特急で送ってください。

それから英吉おぢ様の家からいただゐた、はおり（羽織）があったら送って下さい。僕の組の三井君と宇津木君が、さわらび幼稚園でした。（註―さわらび幼稚園は、勇が通っていた、田園調布にあった幼稚園）

将介や光子姉さんや、お父様、お母様からのお手紙を待ってゐます。では、将介君によろしく。お体をお大切に。

［昭和十九年十一月二十四日付］田中康允、和子発、田中勇、隆宛

十一月二十四日、今日は富士山の絵はがきのおたよりと、ほかに葉書が二通、全部で三通のお手紙が一度にまゐりました。

そして、そのお手紙を読みはじめましたらば、警報が発令されまして、お家はお母さまが一人きりでしたので、大急ぎでお荷物を壕の中へはこびましたり、隣組の防空のお支度をしたりしました。

丁度十二時頃、警報が出まして、まもなく空襲警報となりました。（註―この日は、マリアナ諸島のB29による初の戦略爆撃による空襲で、サン・アントニオ一号作戦と

称した。

この作戦には、百十一機のＢ29が出撃したが、途中故障などで引き返した機を除く八十八機が空爆に参加した。目標は、中島飛行機武蔵製作所をはじめ、江戸川区、荏原区、品川区、杉並区、保谷町、小金井町、東久留米村、東京港など。死者二二四人）

このお手紙もただ今、防空壕の中で書いてゐます。

今日は、六機から八機位ひ編隊を組んでやって来たと、ラジオは報道してゐます。目下、盛んに日本の飛行機と交戦中です。高射砲の音もポンポンときこえてゐます。帝都の一部には（ある所には）ショウイ弾、バクダンも投下したと只今ラジオで伝えてゐます。波状攻撃らしいから注意するやうにとも云ってゐます。

でも隣組の方達もお母さんも、いや、日本中、全体の人達は、ナニクソ！と張り切ってゐます。

将介も学校か、途中の電車の停まった所で、空をにらんで頑張ってゐることでせう。美佐子叔母様は丁度、今日は久しぶりで（に）御用があって、銀座の方へお出かけになりましたから、叔母様もきっと地下鉄あたりで、待（退）避してゐるでせうね。お父様は会社で、防空につとめていらっしゃるでせうし、光子姉さんも工場で頑張ってゐます。

敵の飛行機が、ブンブンと上空を飛んでゐます。高射砲も又、パンパンなりだしました。

今日は、お天気は晴れてゐますが、白雲が沢山ありまして、なかなか飛行機の影は見られません。

さあ、町の半鐘も鳴り出しました。

目下、このあたりの上空にしんにゅうして来たらしいです。

防空壕の中で、このお手紙を書きながら、お母様は待避してゐます。

前線の兵隊さん方に負けぬやうに頑張りませうね。

寒さに負けてはいけません。

お勉強もしっかりしなければいけません。

先生方のおっしゃることをよく守って、よい子でゐて下さい。

いろいろとお家の用もありますので、お母様は面会に行かれませんが、十二月になったらば行くつもりで、たのしみにしてゐます。

先日うかがひました、ポータブルの蓄音器、修繕出来ましたが、そちらに蓄音器がなければ、レコードと一緒に持って行きます。
参考書もさがします。
三銭切手を少しと（一度に五枚しか売ってくれませんので）
七銭切手そして、五銭切手二枚を同封します。
基之（勇）と庸介で分けて下さい。
では、お元気で。

さやうなら

母より

勇さん
隆さん

ただ今、又、六機が帝都上空にしんにゅうして来ました。
勇敢な日本の飛行機や高射砲で打ち落とされるでせう。
谷本さんの叔母様へお手紙を上げて下さい。

［昭和十九年十一月二十四日付］田中勇発、田中康允宛

お父様

お手紙ありがたうござゐます。一昨日おすみさんから葉書を、もらひました。

さっそく返事を書きました。行うつ（いらっ）しゃるのを待ってゐます。

富士山が半分以上、雪が積もりました。

お父様がゐらっしゃるのを待ってゐます。

短い手紙ですけれど、がまんしてくださいね。

お父さん、では、さやうなら。

五号生徒より

お父様へ
空襲の中で書きました。

お母様
お手紙どうもありがたうござゐます。

今、ヘルマさんの疎開学園から二号の前の部屋へ昼御飯をたべて帰って来ると、お手紙が来てゐました。

渡されるが（や）いなや、急いでふうを切りました。

そちらも皆元気でゐらっしゃるさうでなによりですね。僕も隆も元気です。

参考書は、前の小学校の時、文部省から出た、昔の参考書です。なければいいです。空襲がありますから、なるだけ遠くへいらっしゃらないでください。心配してゐますからね。

お庭の木が三本もなくなったら、ずい分、すっかり見通しがきくでせう。

こちらは、夜〇下一、二度で、朝は一、二度です。

一昨日、おすみさんから葉書をもらひました。さっそく返事を書きました。ちく音機を送って下さい。本箱も先生が持って来てくださるやうにおっしゃってゐます。

では、お返事を下さい。

さやうなら

お母様へ

將介ちゃん

お手紙ありがたう。將介も別校舎へうつるさうだね。

今度二かいださうですね。二かいだから、かいだんを気をつけて上がってください。

兄さんは、金モールをまってゐます。將ちゃんがにづくりして、送ってください。

ゑはがきは、二、三時間あるいて、むこうぎしの旭ヶ丘といふ所へ行かなければならないので買ひに行けませんから、学校で行った時、買ってあげます。えびかにが生きてゐるさうですね。

お手紙をください。

勇

將介ちゃんへ

お父様の手紙を書く前に、昼御飯の時、空襲警報が鳴りましたよ。

光子姉さん

お手紙ありがたう。今日、お手紙を受け取りました。

お茶（の）間のおこたは暖かいでせうね。

おこたどころか、一、二度の時でも火ばち一つ入りません。朝だけ勉強室でストーブをたきます。

今朝は、五年A組の僕と石川君と、ストーブ当番で、朝の体操と御飯をむこうのしゅくしゃでするので、火のたえないやうにするのですが、部屋に入ってストーブをたくので、汗だくだくで困りました。

では、さやうなら

五号生徒

光子姉さんへ

［昭和十九年十一月二十四日付葉書］平岡光子発、田中勇、隆宛

勇ちゃん、隆ちゃん、お手紙ありがたうございました。

もう東京も一雨ごとに秋も深まり、赤や黄色に色づいた木の葉が落ちて来る様になりました。

今日、二十四日は、十二時五分前頃から警報が出て、敵機が六機来ました。

私は工場の屋上でお昼休みをすごして居りましたが、すぐ中へ入って用意をしました。

其の内に空襲になったので、皆で一階の廊下にひなんしました。

外の人達は防空がう（壕）へ入りましたが、私たちの組は入れないで、廊下へひなんしたのです。

六回もたいひ（退避）になりました。

工場の建物がグラグラした時は、びっくりしました。
三時過ぎにやっとで終わった（空襲）ので、それから皆で並んで帰りました。でも
警報中ですから、ゆだんは出来ません。
将ちゃんも学校の帰りに、警報にあったそうです。
今は夜の六時半です。お父様は、まだお帰りになりません。暗幕を張って、お茶の
間にお母様と将ちゃんと私と三人で居ります。
お母様は七時半から竹屋さんで常会があるので、もうじき居らっしゃいます。
ラジオで〃お寺の柿〃と言ふ面白いげきをして居ります。
明日は土曜日ですから、将ちゃんは半日です。かいじょ（解除）にならないと、私
も将ちゃんもお休みです。
だんだん寒くなりますから、お体お気をつけ下さい。又、お便りします。
勇ちゃん、隆ちゃん、お元気で。

光子より

［昭和十九年十一月二十四日付葉書］　田中將介発、田中勇、隆宛

兄さん、お手がみありがたう。

ぼくは今日、空しゅうにあって、てきのひかうき（敵の飛行機）が七十き、きました。

四谷のえきでたいひ（退避）しました。

では、さやうなら。

田中將介

［昭和十九年十一月二十五日付］　有森正（東京都渋谷区美竹町十三）発、田中勇宛

勇さんお元気ですか。僕も元気です。

勇さんからお手紙を頂いてからお返事がかけなくてすいませんでした。

毎日衛生材料所から帰ってくるのは六時か六時半、食事をしていると七時半になり、

少し勉強をしていると九時近くなるので、書く時間がありませんでした。

それに第一、二日曜日は働きに行くのですから、なほさら時間がないわけです。

丁度お姉様は、田舎に行っているので、僕とリナとピーコだけです。

二十四日に敵機が帝都に侵入して来ました。（註―サン・アントニオ一号作戦）

それは丁度昼食をしていました。突然空襲がありましたので、急いで防空壕に入りました。

すると頭の上を始めに八機編隊で来ました。続いて六機、五機、一機とB29が悠然として通り過ぎました。

それを見て、胸の中で早く航空兵になって、敵機を一機でも撃墜したいと思ひました。

これからも度々あると思ひますが、帝都は僕等の手で固めるつもりです。

では又、お返事迄。

正より

勇さんへ

［昭和十九年十一月二十六日付］田中勇発、田中康允宛

將ちゃん。

元気ですか。お兄さんは元気で毎日の学園生活をやってゐます。

近々空襲がありますが、お家の人はどうですか。

ラヂヲで関東地方に、敵機あらはれといふ知らせをいふラヂヲがにくらしくて、たまら（な）いです。

兄さんは、Ｂ29を（が）十九機以上も飛んでゐるのを見ました。

疎開学園の東の空から来て、大きくせんくわいして行ってしまひましたよ。

今でも兄さんの眼についていて、にくいＢ29（を）、東京を飛びまはったＢ29（を）、かならず撃ち落してやると考へてゐます。

学校の帰りなどに（空襲）にあっても落ちついて、大人の人のいふ事を聞いて、早くたいひ（退避）して下さいね。

將介ちゃんが早く、山中湖畔の疎開へ来るのを待ってゐます。

今日は日曜日で、とてもよい天気です。昼御飯がすんでから、六年生といっしょにデットボールをします。

早く將介も将校になって、Ｂ29を落としてください。

お手紙を待ってゐます。

さやうなら。お父様、お母様へよろしく。

勇

将介ちゃんへ

十一月二十六日　午前

［昭和十九年十一月二十六日付葉書］内海芳夫（静岡県浜名郡豊西村、正光寺）発、田中勇宛（内海芳夫は、勇の東調布第二国民学校の友人。同校の集団疎開先からの葉書。勇は暁星小学校に転入する以前は、内海らとともに同校の集団疎開先にいた）

田中君、お元気ですか。ぼくも元気でゐます。

ぼくは、十月十八日に東京に帰へり、十一月七日にこちらへ来ました。

そちらはふじ（富士）が近く、よい眺めだと思ひます。

こちらは、皆元気でいますから、ご安心下さい。

では、お身に気をつけて。

さやうなら

［昭和十九年十一月二十八日付］田中康允、和子発、田中勇、隆宛

勇さん、たびたびお手紙ありがたうございます。

毎日、お玄関のポストに勇さんのお手紙が来てゐるので、お掃除をしながらや、お

台所のご用をしながら、とてもたのしみにして、お玄関のポストを見にゆきます。

今日も朝のお掃除の時に、お手紙が参りました。

きのふ（二十七日）、又、敵機が四十機ばかりで空襲に来たので、（註―昭和十九年十一月二十七日のＢ29による空襲は、中島飛行機武蔵製作所に対して二回目の空爆を行った他、渋谷区、城東区、江戸川区などを空襲した。死者四十一人）お玄関と防空壕の間を出たり入ったりで、泥ンコになってゐました。と、いふのは、きのふは雨降りでしたからです。

雨が降って壕に入ってゐると、ブルブルふるへる程、寒ぶうございました。

昨日は將介はお家にゐたので、二人で壕の中に居りました。

ズシーン、ズシーンと、爆弾を落す音がしました。

十二時半頃から空襲警報となり、三時頃に解除になりました。

夕方、お父様も光子姉様も帰っていらっしゃいました。

葉山の叔父様（平岡鉄太）も、丁度一緒にいらっしゃって、ゆうべは家にお泊りになりました。

江川さんの叔母様も七時頃いらっしゃって、九時半におかへりになりました。

勇さんと隆さんのオーヴァーの名札をその時、江川さんの叔母様が縫い付けて下さいました。
江川さんのお兄様も（いつか江川さんのお家でおめにかかった軍人さん、中尉殿）暁星にいらっしゃったのです。
そのうちおひまの時に、お兄様の暁星の帽子をさがして下さるそうです。
では、又、お手紙を書きます。元気で。
母より
二十八日　二時半
勇君

隆の手紙へつづく

隆さん、先日はお手紙ありがたうございます。

元気ですか。こちらもお父様をはじめみんな元気です。

この頃は毎日のやうに空襲がありますが、みんな落ちついて、しっかり頑張ってゐます。

今日はめづらしく、まだ空襲にやって来ません。きっと昨日、日本の飛行機にさんざんな目に合ったので、恐ろしくなって、おじけづいたのでせう。

いつもは十一時半から十二時半位ひの間に、やって来ます。それで東京の人達は、敵機の来ることを〃アメリカのお客様〃だの、〃定期便〃だのと云ってゐます。そして「来たらば、ヤッツケテやるぞ」と張り切って居ります。どんな小さな子供でも泣いてゐるのを見たことも、きいたこともありません。ほんとうに日本人は、強いのですね。

今月もあと少しで終わりです。このお手紙のそちらにつく頃は、十二月になってゐるかもしれませんね。

この頃、お手紙のつくのが、大変おくれるやうな気がします。

オヴァーと毛糸のパンツ、葉書は一緒に送ります。羽織は縫はないと、二枚そろひませんので、もし寒い時には、オヴァーを着てゐて下さい。

オスミサンがゐないのに、毎日空襲があったりすると、なかなか忙しくて、お母様はお仕事が出来ませんが、そのうちいろいろ、手袋なども編んで送ります。

寒さを心配してゐますが、自分で着るものに気をつけて下さいね。

毛ごろも（衣）ちゃんも寝る時に肩に巻いてください。

足がつめたくて眠られぬやうな時には、毛糸のスウェターを足に巻いてねると、暖かいと思ひます。

いろいろ工夫して、体に気をつけて下さい。

近いうちに、お父様にそちらへいらっしゃっていただきます。

蓄音器、本箱も、その時に持って行っていただきます。

何かゲームとか本とか送りたいのですが、お母様が外出することがなかなか出来ません。

そのうち送りませうね。

十二月には、タコも売りはじめると思ひます。そうしたら送りませう。

では、体を大事にして。さやうなら。

母より

隆君

兄さんの手紙へつづく

[昭和十九年十一月二十七日付葉書]　田中勇発、田中康允宛
お父様、お変わりござゐませんか。僕は元気です。
今日は雨ふりで、山中湖のむこうの方の町の上の方がよく見えません。

昨日、僕たちがカスミ網を張って、小鳥を八羽一日で取（獲）って、四（羽）を六年生に、一匹（羽）を四、五年生でかひました。六羽は、焼鳥にして取ってをいたら、ねずみに取られたさうです。

家にあった小鳥の本を送ってください。

將介にお手紙を下さいといって下さい。

では、もうじき勉強が始まりますから、これでやめます。

さやうなら

［昭和十九年十一月二十八日付葉書］園節子発、田中勇宛

御便り拝見しました。三井様が近くお引越しの由、少しは片付きましたか。

毎日、富士山を拝することの出来ること、うらやましく思ひます。

胸の大きくよい気持ちになったら、腹の大きくならなければいけません。

そしてピリッとした立派な男の子になった所を見たいと思ひます。

落ち付いて、自分のことに一生懸命になって、体と心と勉強の三つを何もかも忘れて、誠の道を進んで下さい。

［昭和十九年十一月二十九日付葉書］栗原克幸（静岡県浜名郡豊西村、正光寺内）発、田中勇宛（註―栗原克幸は、勇の東調布第二国民学校の友人。同校の学童集団疎開先からの手紙）

田中君、だんだん寒くなって来ましたね。こちらは、朝夜とても寒いです。このごろみんな、ぱちんこがとてもはやって、林の中にいる鳥を、うちにいったりしています。しいのみも、みな（皆）、おとすのに、たいへんです。内海君や安延君につたへておきました。それから、写真はいま、家にいってから、そちらへおくります。では、しばしまってください。

さやうなら。

克幸

田中君へ

［昭和十九年十一月三十日付］田中勇発、田中康允宛

お父様

お母様

お手紙ありがたうございます。

警報が出る前にお手紙がついてよかったですね。

あの空襲の時、十九機（を）見ました。防空壕の中で書いたお手紙、なんだか家のにほいがします。

将介も四ツ谷でたいひ（退避）とたさうですね。葉書を見ても、一つもこはく（怖く）なかったやうですね。暁星へ入ってから自身（自信）がついてよかったですね。

今度新しい飛行機が出ましたね。今度から飛行日本や新聞の写真を切り取って送って下さい。

では、飛行機をたのみます。十五分の体をりやう（利用）して書いたので、きたなくなってしまひません。（しまひました）

さやうなら

勇

お父様
お母様
　将介ちゃん
お手紙ありがたう。七十機のB二十九と戦争したやうですね。
これからもたびたび空襲があっても落ち付いて、しっかりたいひ（退避）をやって、早く大きくなりなさい。
時間がないからこれでやめるが、返事を忘れぬやうに。
それからお父さんに、カスミ網をもっと送って下さい。
午前十時ごろまでに、しちふから（シジュウカラ）とひわ（ヒワ）などを五羽取（獲）りました。

　　　　　　　　　　勇
　将介へ

［昭和十九年十一月三十日付葉書］田中勇発、田中康允宛
お父様、お母様、光子姉さん、将介ちゃん、お変わりは、ありませんか。

二十七日と三十日(今朝)の空襲はどうですか。(註―昭和十九年十一月二十七日は、渋谷区、城東区、江戸川区に対するB29による空襲をはじめ、中島飛行機武蔵製作所への第二回目の空爆が行われた。死者四十一名。同年十一月二十九日は、軍事用地として当時使用されていた浜離宮をはじめ、江戸川区、葛飾区、城東区、本所区、神田区への空襲が行われた。被害家屋は二九五二戸、死者三十二名。そして、同年十一月三十日のB29による空襲は、麻布区、芝区、葛飾区に加えて、初めて日本橋区に対して行われた。勇の父、康允=豊が勤務している中西儀兵衛商店=現、ブルーミング・ナカニシは、日本橋区芳町二丁目四番地に所在していた。)

ラジヲによると、京浜工業地たい(帯)に火災が起こったそうですね。家や隣組の方たちはどうなさいましたか。そちらのやうすを、くわしく教えて下さい。もう三枚で、はがきがなくなりますから送って下さい。

今朝は、少し雪が降りました。将介にもしっかり勉強するやうに言って下さい。むりな事ですが、飛行機の写真と家の人の写真を送って下さい。この前とちがう写真がよいです。

では、お体をお大切に。おいそがしい所をすいません。さやうなら。

——十二月二日沢村栄治投手戦死、七日東南海地震発生、十三日名古屋発空襲、十七日飼い犬の供出命令が出される。

［昭和十九年十二月一日付］田中勇発、田中康允宛

将介ちゃん元気ですか。兄さんは、元気でゐます。

近近（々）、敵の空襲がありますね。

二十七日の空襲の様子は、今日のお母様のお手紙でくわしく知らせて下さいました。お父様も鉄太叔父様も、お母様も光子姉さんも将介ちゃんも、皆元気でよかったですね。

では、体を気を付けてね。

さやうなら

山中湖のお兄様より。（兄は勇のこと）

将介ちゃんへ

（書簡には勇が描いた、新式急降下爆撃機のイラストがある。また、神風特別攻撃隊の自爆の絵が二枚の別紙に書かれてあり、「将ちゃんへ、大切にしてね。勇より」と

いう一文が添えられている）

じきお正月ですね。いっしょにおもちがたべられないのがざんねんです。

このごろはよく、敵機が来るので、そのたびに東京を思ひ出し、お父様やお母様のことを思ひだします。

では、お身を大切に。さやうなら。

お父様へ

隆より

昭和十九年十二月三日
中のものは將（介）にやって下さい。
（十二月三日付の封書はなく、右記の封書に本書簡が納められていた。隆の書簡には、別紙に次のように記されている）
一、疎開は勝つため、国のため、かならづ元気でやりぬくぞ。さうださうだ（そうだそうだ）やりぬくぞ。
二、よは虫、泣き虫いるものか、いつでもにこにこ明るいぞ、さうださうだ（さうだそうだ）明るいぞ。

三、しづかないなかでたくましく、心とからだをきたへるぞ、さうださうだ（そうだそうだ）きたへるぞ。
四、みなさんしんぱいなさるなと、風にことづけたのんだぞ、さうださうだ（そうだそうだ）たのんだぞ。

［昭和十九年十二月一日付封緘葉書］田中和子発、田中勇、隆宛

勇さん、隆さん。

お手紙ありがたうございました。

かすみあみで、鳥が沢山とれるやうですね。どこに張ってあるのでせう。前に六年生の寮のあったあたりでせうか。お母様はいろいろと想像してゐます。

東京はこの頃、毎日のやうに雨が降ります。今日も雨です。（十二月一日）

将介の学校は空襲が多いので、二時間授業となりました。今日は十一時半頃に帰って着ました。

只今、お茶の間で、お母様は靴下のつくろひ、将介は豊福先生（家庭教師）のお勉強をしたところです。お手紙も今、一緒に書いてゐるところです。

勇さんのお手紙に書いてありました飛行機の本は、二、三日内に買って送りませう。

お父様もそちらへ近日いらっしゃるはづですが、日本橋のお店が（註―中西儀兵衛商店＝現・ブルーミングナカニシ）の一部が（お店の前の倉庫）先日の夜の空襲で焼けましたので、その方の御用がいろいろとおありになりますが、都合をつけて、そのうちいらっしゃるはづです。

蓄音器もオヴァーもその他いろいろ、その時に持っていっていただきます。

警報の出た時には、よく先生のおっしゃることを守って、しっかりして下さい。

お守り様を、けっしてけっしてはづさぬやうに。

あなた方が、お守り様をしてゐるのが、離れてゐるお母様にとっては、一番の安心となりますからね。

今日から十二月、じきにお正月も参ります。

来年は富士登山も出来るそうですし、しっかり頑張って下さいね。

富士登山と云えば、お母様も女学校の時に、吉田口の浅間神社から登りました。

勇さんや隆さんの富士登山の時には、お母様もつれて行っていただけたらば、ぜひ、おともがしたい、と、先生に申上げて下さい。

さあ、戦争と寒さに負けぬやうに。
東京のみんなも頑張りますよ。
体を大事にして。
中西の桂子ちゃんにもお手紙を上げて下さい。
先日、園（節子）の叔母様におめにかかりました。
お返事のお手紙があるでせう。
では、さやうなら。
十二月一日　午後四時。
　お母様はこれから晩のお仕度。
　将介はお廊下の雨戸を閉めます。（この頃は、将介が雨戸の閉め役です）

母より

勇さん
隆さん

［昭和十九年十二月一日付葉書］田中勇発、田中康允宛
お父様、お母様、光子姉さん、將ちゃん、お元気ですか。

今日は十二月一日、年の一番最後の月の第一日目は、雨でつまりません。

今朝、御飯を二号のしゅくしゃ（宿舎）でたべて帰って来ました。

勉強の前の時間を理（利）用して書いてをります。

今、隆も田辺さんへ、お手紙を書いてゐます。

昨日は鳥を二匹取（獲）りました。今日もまた取（獲）れる事でせう。

A組もB組もC組の人も今さかんに、手紙を書いてゐます。

ストーブをたいてゐるので、とても室（部屋）が暖かです。

昨日、安延君と栗原君と内海君から手紙が来たので、返事を出しました。内海君に手紙を書くので、これでサヤウナラ。

［昭和十九年十二月二日付葉書］田中勇発、田中康允宛
お父様、お母様、お変わりございませんか。
今日は十二月二日で、三日（明日）から、上の方と下と御飯をべつべつに、たいて

いただく事になりました。
今、食器を下へ持って来ました。
もうじき朝の勉強が始まります。
今日はとても風が強いので、湖水の波がとても高いです。
ではねお体をお大切に。さやうなら。
光子姉さん、将介によろしく。

［昭和十九年十二月五日付葉書］田中勇発、田中康允宛
お父様、お母様、光子姉さん、将介ちゃん、元気ですか。僕は元気です。
お父様のいらっしゃった時の空襲の様子はどうですか。（註―葉書の日付からして空襲は、昭和十九年十二月三日の空襲かと推測される。その日は、江戸川区、滝野川区、板橋区、杉並区、それに北多摩郡武蔵野町が、B29による空襲を受けた。死者は一八四名であった）
なるだけ早く、教科書を送っていただきたいと思ってゐます。
切手の方は、とう分の間、もうよろしいです。あれだけお買ひになるのは、苦心な

さつたさうでせう。

今日は、小鳥が三羽かかりました。富士山がとてもきれいです。

栗原君などに手紙を書きたくなりました。

今、ストーブがもえてゐます。もうじき勉強が始まりさうです。先生はまだお悪いさうです。

お父様、お母様、將ちゃん、光子姉さん。新ちゃんの所をを（お）しへて下さい。

［昭和十九年十二月十一日付葉書］田中勇発、田中將介宛

將介ちゃん、お手紙ありがたう。山本君と小山君の家でゲームをしたさうですね。山本君と小山君といふのは、第二の学校（註―東調布第二国民学校＝現・大田区立田園調布小学校）の友達ですか。暁星のお友達ですか。

こちらは氷なぞ四糎以上張って、雪が降って、天気なのに、日かげら白い雪がつもってゐます。むろん真黒い雪なぞありませんからね。

雪の所まで書いて、御飯になりました。おかずは、天ぷらで、わかさぎの天ぷらが二つとおいもが二つ、丼の御飯をかくすぐらい乗ってゐます。

電車のしゃしゃう（車掌）さんに、五銭切手を頼んださうですね。待ってゐます。

今、渋沢君の叔母さんと弟さんが来ました。二年生ぐらゐと思ひます。

二年生にゐらっしゃいますか。早く將介ちゃんも山中へ面会に来て下さい。

將介ちゃんのどんなに元気な顔を見たくなりました。

電気機関車（註—鉄道模型）は、いくら使ってもいいですよ。

今度、五年生に二人ふえるさうです。今日、一斑二班ときめました。僕は、二班のふく班長になりました。

お母さんに、ワイシャツがあったら送って下さい。それからインクも送って下さい。なくなったからハガキも送って下さい。


サヤウナラ。

[昭和十九年十二月十二日付葉書] 堀井孝友（東京陸軍幼年学校、四十八期生）発、田中勇、隆宛

お手紙有難う。俺は元気でやってゐます。君達も勉強に励んでゐることと思ふ。

近頃よく、敵機が本土にやってくるが、こんなのにおどろいてはいけませんよ。

お父様が面会に来られたそうで、喜（嬉）しかったでせう。私も人から手紙が来ると非常に喜（嬉）しいです。

では、お体を大切に。さようなら。


［昭和十九年十二月十六日付葉書］　田中勇発、田中康允宛

お父様、その後お変わりございませんか。僕も隆も元気です。

隆が万年筆をなくしたさうですから送って下さいと、言ってゐます。

今日はよい天気です。雪がまだ深い所など、二十糎もあって、げたで歩くのが困ります。

今日と昨日は、一つも手紙が来ません。

二十五日に六年生の行く所の途中に、大きな別荘がありましたね。あそこの小母さんが、二十五日に、御ちそうして下さるさうです。

では、隆の万年筆をたのみます。

さやうなら。

［昭和十九年十二月十六日付葉書］　田中勇発、田中將介宛

將介ちゃん。永い間、お手紙を出さないで、ごめんなさいね。お父様もお母様もお変わりございませんか。

それからお母様に葉書が、十五日のせいり日に見つかりましたって。それから昨日、八瀬さんから手紙と写真が来て、僕の写真がほしいさうですから送って下さいて（っ）てね。

では、勉強が始まるから、これでやめます。サヤウナラ。

［昭和十九年十二月十六日付葉書］　田中勇発、田中康允宛

お父様、お手紙と手旗の紙、どうもありがたうござゐます。

比（此）の間の空襲は、実にしゃくでしたね。しかし家中、皆元気でよかったですね。お店（註―中西儀兵衛商店＝現ブルーミング・ナカニシ）も何ともなくて、ほんとうによかったですね。

こちらは今朝、便所へ行ったら、外が真白でした。起きて計って見ると、三十糎以上（雪が）つもって、木がしなって一面、真白でした。

早くつ（靴）を送って下さい。
僕たちは、一斑と二班に別れて雪合戦をしました。
しまひに先生の洋服を真白にして、頭にも雪を投げたので、とても面白いでした。
僕も先生に、さしわたし五糎ぐらゐのをあてられました。
お母さん、光子姉さん、將（介）ちゃんによろしく。

[昭和十九年十二月十七日付葉書] 田中勇発、田中將介宛
將介ちゃん。お手紙ありがたう。兄さんは、元気です。
二十四日から休みです。
お父様のお手紙によると、元気で学校へ行ってゐるさうですね。
では元気で、さやうなら。皆さん四六四九（よろしく）

[昭和十九年十二月十八日付葉書] 田中勇発、田中康允、和子宛
お父様、お母様、その後お変わりござゐませんか。
昨日、武藤君の叔父さんと、宇津木君のお兄さんがいらっしゃいました。

昨日、考（孝）友ちゃんから、お手紙が来ました。元気で軍務に、勉強にはげんでゐらっしゃいます。

僕もしっかり勉強してゐます。

二十五日に田村さんで、ごちさうと劇をしますから、よかったら来て下さい。

では、お体をお大切に。さやうなら。

［昭和十九年十二月十八日付葉書］田中勇発、田中將介宛

將介ちゃん、元気ですか。

このごろお手紙が来ないので、どうしたのかと、思ってゐます。

光子姉さんも元気ですか。僕も元気です。

今日は日曜日で、とてもよい天気です。しかし一度ふった雪がかたまって、つるつるすべって、げたが雪にくっついて歩けません。

お母さんに大きくても、少し少（小）さくてもよいから、長ぐつを送って下さいって。

今度の面会の時に（將介が）ついて来てもよいでせう。

今、上空を飛行機が飛んでゐます。東京も飛んでゐるでせう。

では、さやうなら。お手紙おたたみます。

［昭和十九年十二月二十日付］田中康允発、田中隆宛（封書不明）庸介殿（次男隆）

父より

積った雪が解けない程寒くなりましたが元気ですか。

東京も空襲は毎日の様にありますが、皆元気ですから安心して下さい。

空襲も一機か二機でゲリラ戦で大した損害もありません。

焼夷弾は別に怖しい事ではありませんので、此頃は消す事が上手になって火事も余り起りません。

お家の方は未だ一度も落されてませんが、隣組の皆で力を協せて張切ってゐます。

今度小出さんのオバ様が、お父様が会社へ来てゐる時や会社へ泊る晩などお父様の代りに群長をして下さいます。

お家も新しい防空壕を造りました。

今度は広くて、板で周りを囲んで、入口も二つありますし、お庭の太い木を切って造ってありますから、丈夫で暖かです。

場所は五号生徒（勇）の手紙に書いておきましたから見せていただきなさい。お父様やお母様の事は心配しなくても良いですから、山中でしっかり勉強して下さい。

勉強と言へば、此頃のお手紙は未だゾンザイです。兄さんは大分キレイに書ける様になりましたから、庸介君も一生懸命に書いて下さい。

算数もしっかり勉強しなければいけません。

先日の地震（註―昭和十九年十二月七日発生の昭和東南海地震）は、浜松の方がひどかた様で、（註―浜松は震度五）第二（註―東調布第二国民学校＝現・大田区立田園調布小学校）の四年生も三日に源長院に学校から移て、七日があの地震で、皆びっくりした様です。

源長院の壁が落ちたそうです。

小城原、宮先生やお友達に御見舞の手紙を上げなさい。

東京や葉山は軽い地震でした。（註―東京、横浜は震度四）

長靴は知ってゐる方（人）に尋ねてゐますが、統制品でなかなか手に入りませんから、寒いでせうが我慢して下さい。
将介も今週で、来年の一月八日までお休みです。
毎日元気に往きは省線電車、帰りは都電で通ってゐます。
光子姉さんも元気で工場に通ってゐます。
お母様も元気ですが、オスミさんが帰って来ないので、毎日とてもおいそがしいです。
では又手紙を書いて上げますが、寒さに負けないで、元気に勉強して下さい。
先生やお姉様、谷本さんのオ母様に宜敷く。

左様奈良

十二月二十日

昭和十九年十二月二十五日付葉書」田中勇発、田中康允宛
お父様、永い間お返事を出さないですみません。考査があったので、勉強してゐたのです。二学期のてん（点）は、はずかしいですが、いう（優）が二つに、良下が一こです。いう（優）は、修身と地理で、良下は体操です。みんなもうすこしで、いう

（優）だそうです。
万年筆がペン先のじくの所がまがりましたから、こんどの時、見て下さい。
皆さんによろしく。さやうなら。

［昭和十九年十二月二十七日付葉書］田中勇発、田中康允宛
お父様、比（此）の間、お手紙で万年筆をおたのみしましたが、治りましたから、おことわりします。
ただし、ペンのうらの棒とぺん先を送って下さい。
では、サヤウナラ。

勇より

［昭和十九年十二月二十八日付葉書］田中勇発、田中康允宛
お父様、お元気ですか。僕は元気です。
もうぢき、穴づりが出来るのです。
小さい針やおもりがない人は、送ってもらへと先生がおっしゃいました。

ですから、おもり十モンメと、小さな針を送って下さい。

では、サヤウナラ。

ペンのうらを送って下さい。


[昭和十九年十二月二十八日付] 田中康允発、田中勇、隆宛

勇さん、隆さん、たびたびお手紙ありがたうございます。

毎日お手紙を書きたいと思ひながら、いろいろと御用があって、書くひまがありませんでした。

今晩は丁度、お父様は会社へお泊り番でいらっしゃいますし、ひるま七編隊の空襲がありましたので、(註―この日のB29による空襲は次の通り。世田谷区、芝区、麻布区、品川区、麹町区、牛込区、淀橋区、中野区、杉並区、板橋区、王子区、小石川区、深川区、城東区、葛飾区、日本橋区、京橋区、北多摩郡武蔵野町、保谷町など。死者五十一名) 早めと云っても八時半ですが、お床に入りまして、このお手紙を書いてゐます。

下の八畳のお部屋に、お母様、將介、光子姉さんと三人で寝てゐます。

枕元には、リックサック、鉄兜、懐中電灯などいろいろ用意してゐます。

その後元気ですか。このお手紙のつく頃は、お正月ですね。

今日、藤村さんのお母様がいらっしゃいまして、一昨日、浜松へ行っていらっしゃったそうです。

その時、勇さんのお手紙が、正光寺（註—東調布第二国民学校の学童集団疎開先）に来てゐたそうでした。

正光寺のおしやう様（和尚様）も勇さんのお手紙を御覧になっていらっしゃったそうです。

藤村君は一寸体が悪いので、お母様と帰って来られました。

神田君も歯の治療で帰って来ます。

神岡君は病気で、正光寺で寝てゐるそうです。

それで神岡君のお母様が、とても心配して、今晩家へ相談にいらっしゃいました。

あなた方もほんとうに体に気をつけて、病気にならぬやうにして下さいね。

さて、こちらの様子を知らせませうね。

一昨日の晩は、有馬さんのお家で、常会がありました。

美佐子叔母さんはじめ隣組の方が、みんな集まりました。

田辺の叔父さんの御病気も、おなほりになりましたし、みんな元気です。

將介は毎日宿題に、算数と読方、書取りを一頁づつしてゐます。成績は優がありませんでした。

でも、この次、三学期は頑張るでせう。今学期は転校したり、空襲でお休みしたりしたので、ほんとうの勉強が出来ませんでしたからね。

あしたお母様は、暁星の本校へ用があって行くつもりです。

江川さんのをば様（小母様）のお家が、九段ですから、そさらへも参ります。

江川さんの小母様へお手紙を上げてください。

番地は、
　東京都麹町区九段坂。野々宮アパート内　江川静子　です。

昨晩ここまで書きましたら警報が出まして、お手紙を中絶しました。

幸い敵機はゆうべは東京の方へは、来ませんでした。

今朝（二十八日）は上天気。その代わり、お台所の水道も洗面所も、すっかり氷りました。おひるに近い今でも（十一時）、まだ洗しは氷ってゐます。井戸のポンプも動きませんでした。

みさ子叔母さんも、寒い寒い、つめたいつめたい、と云ってゐました。山中湖も寒いでせうね。

今年のお正月は、ほんとうに決戦下にふさわしいお正月です。おかざりもお茶の間のラジオの並びに致しました。

お二階は、空襲の時の用意のために、天井も破ってありますし、戸や障子はすっかりはづしてあります。

それで、お二階は使はないのです。女中さんもゐませんし、お客様も何も皆、お茶の間に来ていただきます。

寝るのも下の部屋。ですから、みんな下の部屋で生活してゐるわけですね。

先日、豊福先生に読方の六と算数の六の本を買っていただきました。

どなたか、そちらへ面会に行く方があったら、持って行っていただくつもりでゐます。

隆の万年筆も、その時におねがひ致しませう。

しばらくの間は、兄さんのを借していただくか、エンピツを使って下さい。

あと三日でお正月。
来年もしっかり頑張りませうね。
　では、さやうなら。
　　　　　　　　　母より
勇さん
隆さん

［昭和十九年十二月二十九日付葉書］田中勇発、田中康允宛
お父様、お母様、光子姉さん、將介ちゃんへ。
お変わりござゐませんか。僕は元気です。
今日はよい天気です。
湖水に氷が張りました。
では、皆さん、よいおとしを、おとり下さい。さやうなら。
十二月二十九日夜

［昭和十九年十二月三十日付葉書］田中勇発、田中康允宛

お父様、お母様、光子姉さん、將介ちゃん。
新年御目出度う御座居ます。
今年の御正月も、決戦下の中でむかへました。
僕も元気一ぱいです。
今年も米英を相手に、元気一ぱい戦ひませう。
では、お体をお大切に。
さやうなら

［昭和十九年十二月三十一日付］田中勇発、田中康允宛
お父様
お母様
光子姉さん
將ちゃん
お元気ですか。いよいよ昭和十九年度も今日で終わります。
今ちょっと前に、六年生が山中へ行って、餅米を持って来ました。羽田さんの所か

らお餅も持って来ました。こぶやかずの子なども昨夜の内に出来ました。

近ごろすこしも家からも中西さん（叔父中西進家）葉山（叔父平岡鉄太郎家）、正光寺からとんと手紙が来ません。心配してゐます。

昨日、芦屋の塩谷先生から永い御返事が来ました。芦屋の様子がとてもよくわかりました。中に三年の事などが書いてありました。また八瀬さん事など書いてありました。

此の間の地震（註—昭和十九年十二月七日、昭和東南海地震）の事など色々御しんぱいして下さっています。

お父様お母様の事も書いてありました。

先生の御所番地は、西宮市宮西町六八番地です。

どうぞお礼のお手紙を出してさしあげて下さい。

東京もさぞ変わった事でせう。

僕は元気ですからごしんぱいのないやう。

ではお返事を待ってゐます。

お体をお大切に

さやうなら

勇

お父様へ
お母様へ
將ちゃんへ
三十一日

ペンを送って下さい。

三角定規。コンパス。軍歌集。テグス。おもり。竿。紙やすり。將介の写真。光子姉さん、將介ちゃん、お父様、お母様の手紙やゑをかいて送って下さい。なるだけ多く。分度器。切出小刀、浜で写した写真。

（竿のイラスト）

こんな竿です。

（裏面）

持て来るか送って下さい。

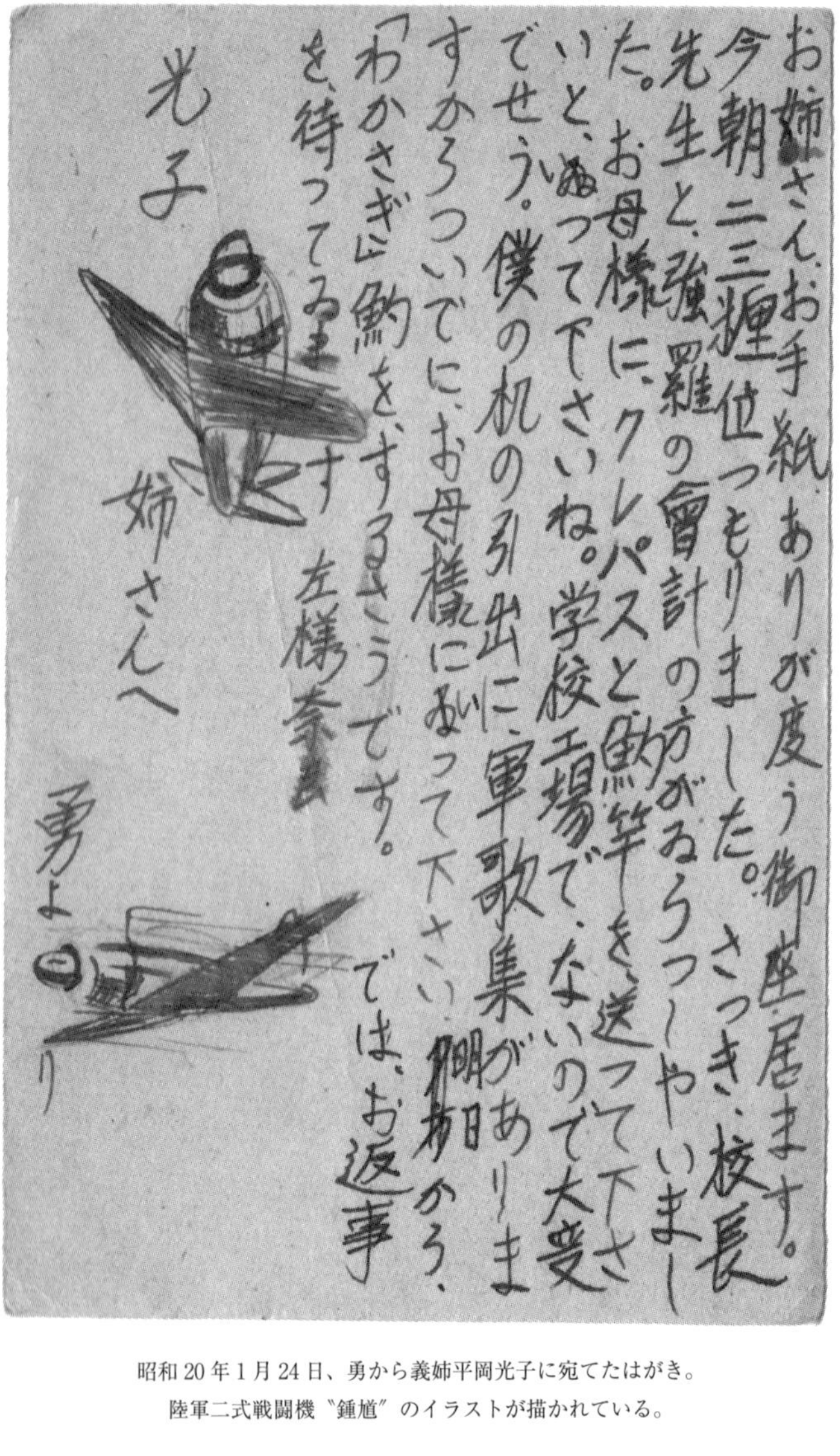
お姉さん、お手紙ありが度う御座居ます。
今朝二三糎位つもりました。さっき、校長
先生と、強羅の會計の方がゐらっしゃいまし
た。お母様に、クレパスと鉛筆を、送って下さ
いと、ゐって下さいね。学校工場で、ないので大変
でせう。僕の机の引出に、軍歌集がありま
すから、ついでに、お母様にゐって下さい。明日から、
「わかさぎ」釣をするさうです。では、お返事
を、待ってゐます 左様奈ら
光子
姉さんへ
勇より

昭和20年1月24日、勇から義姉平岡光子に宛てたはがき。
陸軍二式戦闘機〝鍾馗〟のイラストが描かれている。

朝日映画会社による南方の戦線に送る映画『日の丸通信』の撮影
（昭和 19 年 11 月 17 日）

朝日映画会社の映画『日の丸通信』のロケ。農耕している様子をはじめ、食事中やスケッチをしている子どもたちの様子が、南方戦線の将兵たちの慰問のために撮影された。
（昭和 19 年 11 月 17 日）

昭和二十（一九四五）年の往復書簡

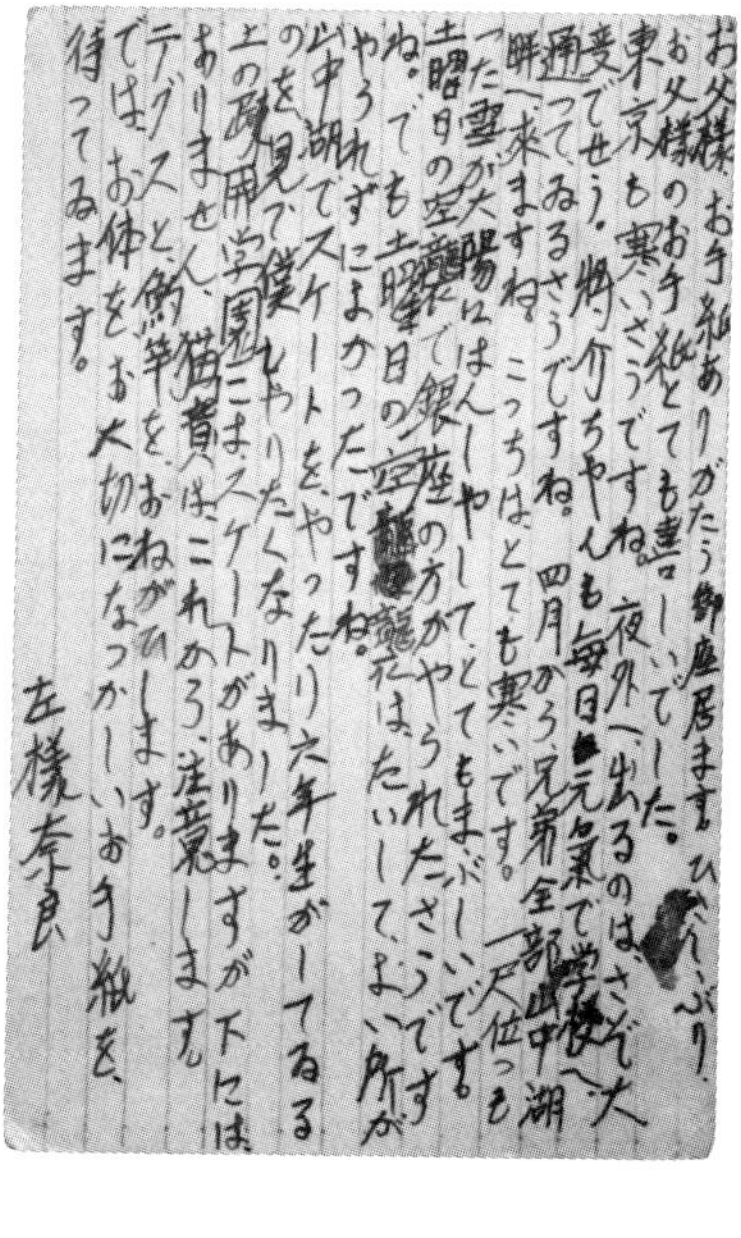
お父様、お手紙ありがたう御座居ますひさしぶり
お父様のお手紙とても嬉しいでした。
東京も寒いさうですね。夜外へ出るのはさぞ大
変でせう。将介ちやんも毎日元気で学校へ
通ってゐるさうですね。四月から兄弟全部山中湖
畔へ来ますね。こっちはとても寒いです。一尺位つも
つた雪が太陽にはんしやしてとてもまぶしいです
土曜日の空襲で銀座の方がやられたさうです
ね。でも土曜日の空襲花はたいして、よい所が
やられずによかったですね。
山中湖でスケートをやったり六年生が一てゐる
のを見て僕もやりたくなりました。
上の療用学園にはスケートがありますが下には
ありません。猶費はこれから注意します
テグスと釣竿をおねがひします。
ではお体をお大切になつかしいお手紙を
待ってゐます。
左様奈良

昭和二十年は、大晦日から元旦にかけて東京と九州が空襲され、警報の鳴り響くなかで正月を迎えています。

三月十日の東京大空襲をはじめ、大阪、神戸など大都市が次々と空襲されるなど、すでに空襲は日常化していました。

国内唯一の地上戦となった沖縄では、住民も戦闘に参加させられ、一般県民十万人以上が犠牲となっています。中等学校の生徒も動員され、ひめゆり学徒隊では自決した女学生もいました。男子の「鉄血勤皇隊」では、生徒が自爆攻撃するなどの悲劇が起きています。

そして八月六日と九日に、広島と長崎に原爆が投下されました。

日本は同月十五日にポツダム宣言を受諾して、終戦を迎えます。戦後の荒廃した都市には、戦争で親を失い、食べものも服も家もない戦災孤児が十万人以上いたといいます。物資の不足は、食料や衣類だけでなく、生活のあらゆる面に及びました。往復書簡の用紙をみると、物不足が歴然としています。また、一度使った手紙を再利用して手紙を出していることもわかります。

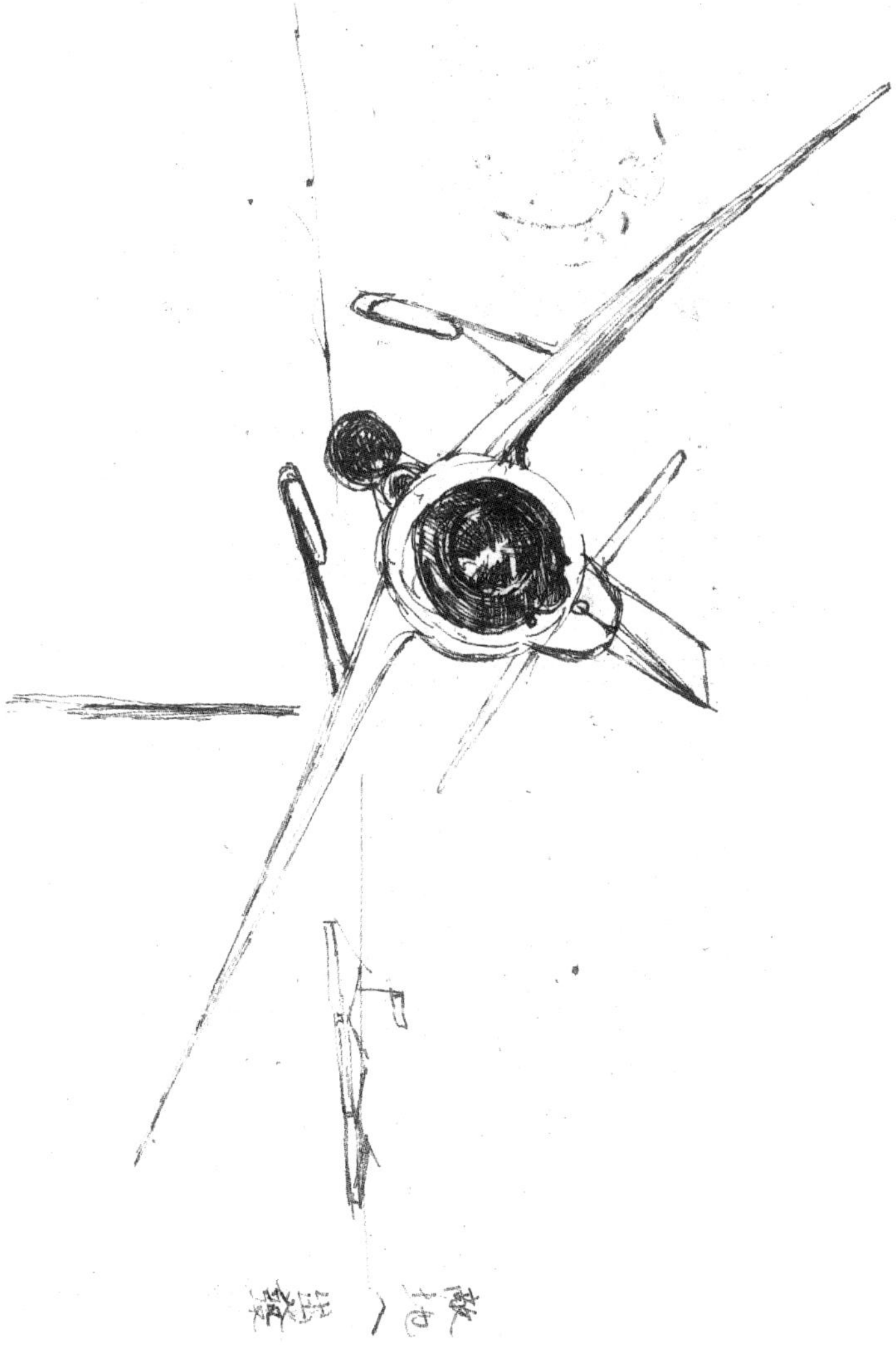

勇が描いた、〝敵地へ出撃する〟海軍零式戦闘機

――一日東京と九州で空襲。一部の学校では生徒を親元に返したという。十八日本土決戦に備える決定がなされる。

[昭和二十年一月一日付葉書] 田中勇発、田中康允宛

お父様、お母様、お目出度う御座居ます。いよいよ、昭和二十年が来ましたね。今年は、空襲で年が明け、年がくれましたね。除夜のかねが今年は鳴りましたか。

僕も十三になりました。

お父様、お母様、光子姉さん、將（介）ちゃんもよいお年を、おとりになったでせう。今日も、お手紙が来ません。お返事を待ってゐます。

では、サヤウナラ

[昭和二十年一月一日付] 田中勇発、田中康允宛

お父様、お母様、光子姉さん、將介ちゃん。

御元気ですか。僕は元気です。

昨日（註―大みそか）大滝先生の奥様がゐらっしゃいました。昨夜は、九時ごろま

でストーブの部屋で遊んで、夜食にみかんをいただきました。

今朝は、起床が八時ごろになりました。起きると上天気でした。

昨夜の警報の東京の事を思ひながら、着物を着ました。（むろん真ぱだか（裸）では、式が出来ませんから！）

点呼がなく、すぐさうぢ（掃除）をしました。さうして洗面をすまして、お餅などを焼きました。

四年生はとてもおくれてゐました。上から、六年生がおりて来るまでにたべなければなりません。

お餅が焼け終わったら、六年生がおりて来ました。

すきっぱら（空きっ腹）をかかえて、式をやって帰って来ました。式は下の運動場でやりました。

食事当番が、ごちそうを並べる間がとても待ち遠しく思ひました。

おざうに（お雑煮）がどんぶり一ぱいに、西洋皿に、豆、こぶ、にしん、魚、かづの子が乗って、山のやうです。二人に一つづつです。

僕は、A組の石川君と同じお皿でした。二人ともすきな（料理な）ので、たくさんだべました。二はいおざうに（お雑煮）をたべました。

家とちがって、おかはりが出来ないのが、ちっと（ちょっと）つらいでした。

おざうに（お雑煮）をたべて、おかずをたべました。パクパク食べてゐると、四分の一位のこしてたべられなくなってしまひました。

大食ひの谷本君や佐藤君、山本君にあげました。

たべ終ったら十一時でしたので、昼御はんはぬきで、まんじゅうをたべる事になりました。

それは、お三時の時ですけれど、早めのお三時が、一ぱいのおなかなのに、早くればよいと思ってゐました。

遊んでゐる内に、いうびん（郵便）屋さんが来ました。僕には今日も、一本の葉書も来ません。

今、お三時がありました。まんじう（饅頭）でなくて、食パン二切、かんぱん十箇にお菓子が五つでした。

小包でペン先とそのうらを送って下さい。それからスポイト、それから木でけずって作る木の飛行機とせめだいん（セメダイン）を送って下さい。飛行機は、隼かしやうき（鐘馗）がいいです。
では、お体をお大切に。お返事を待ってゐます。
さやうなら
勇
お父様
お母様
光子姉さん
將介ちゃん

一月一日午後
（註―別紙に勇が描いた、駆逐艦〝朝雲〟と〝高雄〟級巡洋艦の鉛筆画が同封されている）

［昭和二十年一月一日付葉書］田中和子発、田中勇宛
新年おめでたうございます。
今年もしっかり頑張りませう。
けさは五時に起きましたらは、丁度、警報のサイレンが鳴り、警報に明けた元日で

すね。（註—元旦には、江戸川区、本所区、向島区、浅草区、下谷区が空襲され、五名が死亡した）

ほうとうに決戦下にふさわしいお正月です。

みんな防空服で、お雑煮やおとそを（で）お祝いしました。

将介も学校のお式へゆきました。

多摩川へグライターを飛ばしに行った時の写真と、疎開前に写した写真を額に入れて、みんなと一緒にお茶の間にかざりました。

では、さやうなら。

［昭和二十年一月二日付］田中勇発、田中康允宛

お父様、お母様、お手紙ありがたうござゐます。

永い間待ったお手紙、何度も読みました。

藤村君と神田君が、東京にゐるさうですね。

この手紙を藤村君へ渡して下さい。

なあに僕は、元気いっぱいで十三才になりました。（註—昭和八年五月二十一日生

まれの勇は数え年で、この時まだ満十一歳だった）

江川さんの叔母様へお手紙を書きます。

こちらも干（し）物、でぬぐゐ（手拭）、はな（鼻水）を（は）、ぱりぱりにこほり（氷）つ（い）て（しまいます）。

しかし、下ぎ（着）とわいしゃつ（ワイシャツ）と正服（制服）をきる（着る）と、小（少）しも寒くありません。

天井も破ったさうですね。

ペン先は、なるべく早くたのみます。

では、左様奈良

勇

お父様、お母様へ

［昭和二十年一月三日付葉書］田中勇発、田中將介宛

將介ちゃん、お手紙ありがたうござゐます。

ロードも卵をうむさうですね。プリムスは大きくなったでせう。ギャングは、つぶ

したさうですね。
いそがしくて、手紙が出せなくてごめんなさいね。
かはいい將介ちゃんを忘れたのではないのです。
今、おざうに（お雑煮）をたべました。
では、返事を待ってゐます。
左様奈良

［昭和二十年一月六日付葉書］田辺友二郎（東京都大森区田園調布二―八四〇）発、田中勇宛
御見舞状ありがとう。御蔭で大変元気になりました。
そちらは大分寒いでせう。元気に勉強して、大いに鍛錬して下さい。
男は強くなることが大切です。
友二郎
君達と別れてから、すでに三ヶ月以上も立つ（経つ）が元気ですか。叔父さんは毎日元気で、兵隊さんと演習してゐる。

憎いＢ29がよくやって来るが、先日は帝都上空でぐるぐる廻りながら落ちたよ。

英吉郎

勇ちゃん。御めでたう。いよいよこの新学期から六年生ね。段々立派な御兄チャマになって下さい。

毎朝、富士山を仰いで、よい心持でせう。風邪をひかぬよう、大事にしてね。

昨晩は敵機も来ず、ゆっくりねましたよ。

[昭和二十年一月七日付] 田中勇発、田中康允宛

お父様、お母様へ。

お父様、お母様、お変わり御座居ませんか。僕は元気です。

昨日、片柳君のお父様がいらっしゃいました。比（此の）びんせんは、片柳君のお父様にいただきました。

葉書がなくなりましたから、送ってください。

切手もぢきなくなりさうですから、ついでにおねがいします。

それから、大きな封たう（筒）があったら、小（少）し送って下さい。

湖水に氷が張って、石をはうる（放る）と、小鳥の鳴き声みたいなのが出ます。とても面白いです。

昨日、長池の人がスケートですべってゐました。

今日は、とてもよい天気です。

今、羽田さんがまき（薪）をわるのを、皆で手つだひ（手伝い）ました。

今、お母様と中西さんの叔父様からお手紙が来ました。飛行機の写真が嬉しいです。

東京で、お父様、お母様、将介なので（が）おとそ（御屠蘇）を（で）いはって（祝って）ゐるのがわかります。

こちらは、おとそ（御屠蘇）はありませんが、お餅が（を）はら一ぱいたべました。

多摩川へグライダーを飛ばしに行った写真と疎開前の（写真）が、お茶の間にあるさうですね。

元旦（日）から光子姉さんが、葉山へ行ったさうですね。

昨日、照子姉さんの返事に書いてありました。

叔父様のお手紙は、三学期がんばりなさいとのこと、しっかりやろうと思ってゐます。

では、お体をお大切に。お返事を待ってゐます。
では、左様奈良。

勇より

お父様、お母様へ

一月七日

将介ちゃんへ

將ちゃん、元気ですか。兄さんは元気です。
山中湖に氷がはって、石を投げると、小鳥の鳴き声みたいのが聞こえます。
昨日は長池の人が、スケートをしてゐました。
光子姉さんが元亘（旦）、葉山へ行ったさうですね。
学校の式から帰って何をしたの（か）教へてね。
では、お返事を待ってゐます。
左様奈良

勇より

将介ちゃんへ

［昭和二十年一月十日付］田中勇発、田中康允宛

お父様

お変わり御座居ませんか。僕は元気です。

僕と隆の電気機関車の電気のへんあつき（変圧器）の、どっちかいいのを面会に来る時、持って来て下さい。おねがひします。

今日の空襲はどうですか。こちらもB29が二機で飛んで行きました。それとちがふのがまた、二機飛んで来ました。

ロケットすいしん（推進）をしてゐるらしく、すごい煙が長くくっついてゐました。遠くになると、一本の線のやうになってしまひました。

今日は、氷があつく（厚く）なったので、羽田さんのむすこさんが、一本ば（歯）のスケートですべってゐました。皆で岸の方の氷がたくさんあるので、羽田さんにぶつけました。

羽田さんが岸にある五十センチ平方（立方）位の氷を氷にたたきつけて、僕等にあ

てやうとした時、つかまへたら、たおされてしまひました。あつさ（厚さ）三十糎位の氷が浜にあるので、それに乗って押すと、とてもよく早り（早くなり）ます。

お父様も早く来て下さい。

では、お体をお大切に。へんあつき（変圧器）をおねがひします。

皆でいいものを作りますから、お返事を待ってゐます。

左様奈良。

勇より。

お父様へ

將ちゃんへ

切手は切手のアルバムへ、

しゃしんは、自分で持ってゐなさい。

（註―勇が描いた戦車と飛行機のエンジンの絵、それに雑誌から切り抜いた軍用機の写真が同封されている）

［昭和二十年一月十四日付］田中勇発、田中康允宛

お父様、お母様、光子姉さん、將介ちゃん、

永い間ごぶさたいたしました。

敵の空襲もさかんになりましたね。この間の昼間の空襲の時、にくむ（憎む）B29二機（が）二度も僕等の上空を、ロケットすいしん（推進）の白い煙を引いて飛んで行きました。その後を友軍機が、追って行きました。皆で外や屋根の上から、ながめてゐました。

しかし残念な事には、B29の方がいくらか早いらしく、うらの太平山の方へ、飛んで行ってしまひました。

第二会（回）の二機は、大きくせんかい（旋回）をして、東京の方へ飛んで行ってしまひました。

このごろは一週間以上も、家からほかの所からも、一本の手紙、葉書も来ません。

正光寺（註―静岡県浜松にある臨済宗方広寺派の寺院。東調布第二国民学校の学童集団疎開場所。暁星小学校に転校する以前の勇は、東調布第二国民学校の学童として、そこに学童集団疎開しており、彼の友達もそこに疎開していた）も（へも）五、六通

も出しました。

地震のあの時、三通ばかり、それからいろいろ正光寺へ出しましたが来ません。

それから那須さんの所は、三丁目ですか、四丁目ですか。番地も教えて下さい。

切手、葉書、足袋とくつした（靴下）。小刀が切れなくなりましたから、小刀、ペンと、
そのうち、インクなどほかに、お手紙でおたのみ（お頼み）したのを送って下さい。

それからはなを（鼻緒）くつ（靴）をたのみます。

くつ（靴）は、ぜひたのみます。おたのみして、すみません。

左様奈良

勇

お父様
お母様
光子姉さん
將介ちゃん

［昭和二十年一月十八日付］田中勇発、田中康允宛

お父様へ

お父様、お変り御座居ませんか。

昼御飯のすぐあとで、お母様がお帰りになりました。（川上先生と一しょに）。今ごろ（二時半）大月行（き）の電車の中でせう、（と）僕は考へてゐます。

今、皆氷すべりから帰って来ました。穴ずり（釣り）の出来るうちに、一度「べにざし」（うぢを赤くと（そ）めた虫）を持って来て下さい。

お母さんの手紙だけ、長くて失礼しますが、これでやめさしていただきます。

では、お体をお大切に。

左様奈良

お父様へ

勇より

お母様へ

お母様、無事お帰りの事と思ひます。お母様がゐらっしゃってから、まもなく富士山に雲がかかりました。

皆、氷すべりに行きました。お腹の悪い僕は、のこって（残って）ゐます。

今、やっとストーブの勢（い）がよくなりました。

工作ののみ（鑿）やのこぎり、将介のカンパンなぞ、お渡し出来ず残念です。とくに将介へのカンパンは！

今ごろ、バスの中でせうか。それとも吉田から、大月行（き）の電車の中でせう（か）、僕は一人で考えてゐます。

（僕は）お腹の痛いのも治りました。御安心下さい。

皆今ごろ、楽しく（氷の上を）すべってゐるでせう。

台所では、お三時の「おしるこ」を、お姉さんが作ってゐます。

僕には、お帰りの時、先生がお手紙をくばってゐられましたが、一通も来てゐません。

今、外から新しいまき（薪）を取って着ました。

手紙の事を考えてゐる内に、正光寺の安延君や栗原君の事を思ひ出しました。

別れの時、海兵（海軍兵学校）で待ってゐるといった。（言いました）

安延、栗原のいい友だちの事を、田園調布の安延君の家で、理科の勉強などをした時などが、目の前に出て来る様な気がします。

ストーブの上のやくわん（薬缶）が「チンチン」と音を立ててゐます。

お渡し忘れた「カンパン」を、一つ食べました。そして病気の將介ちゃんが、喜んでたべる顔を考へてゐます。今度の時、だいたい日がわかってゐれば、（カンパンを）ためておきます。

今、二時十分過ぎです。お母様、今ごろどこいらへん（どこら辺）でせう。

今、外の風が強くなりました。

ストーブが消えると大変、これでやめます。

お返事を待ってゐます。なるだけ早く送って下さい。

お体をお大切に。

左様奈良

勇

お母様へ

風呂しきが、僕のポケットにありました。

一月十八日

光子姉さんへ
光子姉さん、お元気ですか。僕は元気です。
ロードも卵を生む様になったさうですね。
東京も毎日空襲で大変でせう。
今日皆、氷すべりに行きました。僕はお腹が悪いので残ってゐました。
もうじきわかさぎつり（公魚釣り）が出来さうです。
では、お返事を下さい。ゐもたのみます。
左様奈良
勇より

光子姉さんへ
将介ちゃんへ
将介ちゃん、その後、病気はどうですか。
お母様といっしょに、山中へ来られないのが残念でしたね。
新しいお金を持って来る様に、そろへてゐたさうですね。
兄さんも将ちゃんへ、お三時の「カンパン」をとっておきましたが、お母様へお渡しするのを忘れてしまひました。

今、お三時のおしるこをたべました。

将介ちゃんや光子姉さん、桂子ちゃん、久枝ちゃんといっしょに写した写真を、お母様に持って来てゐただきました。

まぶしくって、とても白い顔をしてゐますね。

では、お返事を待ってゐます。

　　　　　　　左様奈良
　　　　　　　　　　　　　　五号生徒の兄さんより
将介ちゃんへ。

［昭和二十年一月二十日付葉書］中西桂子（栃木県那須温泉第一近光荘、聖心疎開学園ひなぎく寮内）発、田中勇宛（中西桂子は田中勇の従妹）
勇ちゃん、おはかき（お葉書）ありがたうございました。その後、お元気の事と思ひます。
もう勇ちゃんも、四月から六年生になるのね。私も五年生になります。

山中湖で氷すべりをなさったそうね。私達は体操の時間か、自由時間にスキーをして遊びます。

でも私は、まだしんまゐ（新米）なので、よく出きませんが、毎日（スキーを）やっているので、だいぶ上手になりました。スキーはとてもおもしろいです。

勇ちゃんは、アメリカのB29を四機もごらんになったそうね。私はまだ敵の飛行機は一機も見ません。

それではまた、おたよりします。お体お大切に。

左様奈良

［昭和二十年一月二十一日付］田中勇発、田中康允宛

お父様、お母様、その後お変わり御座居ませんか。

僕は、内田さんの別荘へ来てからも、元気で毎日勉強してゐます。

清水先生が東京へいらっしゃってゐるので、大滝先生は、ヘルムさんの別荘で三年生といっしょです。

毎日先生が下なので、勉強しに下へ行きます。

お母様がお帰りになった日の夕御飯後、頭がいたいといってねてゐましたが、そのあくる日は元気でした。

今日もヘルムさんの所へ行くと、教室の窓から塩沢君の弟たちといっしょに見てゐました。今日もいっしょに勉強をしました。

今日は、風がとても強いです。下から帰って来ると、げんくわん（玄関）の所で、運動ぼう（帽）を飛ばしてしまひましたが、やっと、とりました。

午後四時ごろから、長池へ「えいれい」（註—英霊—戦死者）をお出むかへに三年生と行きます。

算数も今日一番終の頁まで来ました。

ぢき、僕たちも六年生になります。

今日、山中のもとの六年生野口君が、中学生姿で、今日来ました。

では、お体をお大切に。

勇

お父様
お母様

一月二十一日

［昭和二十年二月二十三日付葉書］　田中勇発、田中將介宛

將介ちゃん、その後病気はなほりましたか。

比（此）間は、山中へ来られなくて、残念でしたね。今度来る時、前からお手紙をくれれば、カンパンをためて待ってゐます。

昨日は、梨ヶ原（現在は山中湖の観光スポットになっている）の飛行場へ、まき（薪）を取りに行きました。

帰ってみると、三井君のお父様がゐらっしゃってゐました。

六年生はぐづぐづして、なかなか来ません。二十分位おくれて、手紙や小包を持って、上の疎開学園の方へ行きました。

夜、三井君のお父様が、かり（狩り）へ行った時のえいぐわ（映画）を見せてゐただきました。

「しか」や「つる」「ゐのしし」「きじ」などが、きれいにうつってゐました。

わざとしかを川の中へ入れさせて、犬にかからせてゐる所が一番面白い（所）でした。

今、お三時をいただきました。
光子姉さんによろしくいって下さい。
では、お手紙を待ってゐます。
今、雪がふってゐます。
では、体に気を付けて下さい。
左様奈良

[昭和二十年一月二十四日付葉書] 田中勇発、平岡光子宛
お姉さん、お手紙ありが度う御座居ます。
今朝二、三糎位（雪が）つもりました。
さっき校長先生と強羅の会計の方がゐらっしゃいました。
お母様に、クレパスと魡（釣り）竿を送ってくださいと、いって下さいね。
学校工場で、ないので大変でせう。
僕の机の引出に軍歌集がありますから、ついでに、お母様にいって下さい。
明日から「わかさぎ」魡（釣り）をするさうです。

では、お返事を待ってゐます。

左様奈良

勇より

光子姉さんへ

[昭和二十年一月二十五日付葉書] 田中將介発、田中勇宛

兄さん、おげん気ですか。ぼくもげん気です。

ええご（英語）の先生がおなくにりになったので、明日は学校がおやすみです。

ぼくの病気は、なおりました。

では、さようなら。

將介

勇兄さんへ

[昭和二十年一月二十五日付葉書] 田中和子発、田中勇宛

お手紙ありがたうございます。

今日は（二十五日）、朝からとても寒い日でした。一日中お台所の洗しは氷ってゐました。

お鍋に入れたお豆もお野菜もお豆腐まで氷が張りました。丁度、山中位ひ寒かったのだと思ひます。

午後から組長（隣組々長）常会で、町会へ行きました。今日はめづらしく（珍しく）昼間の常会でした。

二十七日の日には、美佐子叔母さまが、お家ではじめて常会をしますので、叔母さまは、今から大さわぎをしてゐます。

その時の常会の様子は、この次のお手紙に書きませうね。

あまりお天気がつづくので、毎日雨か雪を待ってゐます。

パサパサ乾いた土がほこりになって、お家中白くよごれます。

お母様も又、お風邪をわるくしてしまひました。

今日は、常会へ行きまして、とても苦しかったのです。でも、もう大分よくなりました。

今は五時四十分。お父様のおかへりを待って、晩の御飯です。勇さん達はもう、お食事のすんだ時分ですね。

　では又、お手紙します。隆ととりかえて読みなさい。


［昭和二十年一月三十日付葉書］田中勇発、田中和子宛
　お手紙ありがたう御座居ます。午前中の勉強がすむと、先生から渡してゐただきました。

　お鍋の中の物も氷が張ったさうですね。組長常会で町会へいらっしゃったさうですね。

　二十七日は、美佐子叔母様の家で常会ださうですね。二十七日の常会の様子を、楽しみにしてゐます。毎日お天気で、ほこりが大変ださうですね。

　おかぜはもうよいのですか。大切にして下さい。

　プリムスがゐぢ（いじ）悪をするさうですね。僕がゐたころは、ピーピー鳴いてゐたのが、皆をゐぢめる（いじめる）ほど、大きくなったのですね。

　チャボはあれから、卵をだきませんか。

　では、お返事を待ってゐます。お体をくれぐれもお大切に、光子姉さんにもよろしく。

ものさしがわれましたから、送って下さい。それからすみ（墨）を。

左様奈良

[昭和二十年一月三十日付葉書] 田中隆発、田中和子宛

お母様、お手紙ありがたう御垂（座）居ます。ぼくは毎日元気に暮らしてゐます。お風（邪）のほうは、おなほりになりましたか。この前、わかさぎ（公魚）つりをしに行きましたが、寒くて帰ってきました。長池の学校へ入営する兵隊さんを送る式をしに行きました。それで、赤星のべっさう（別荘）まで送って来ました。では、お体を御大切に。

左様奈良

[昭和二十年一月三十日付葉書] 田中和子発、田中勇宛

勇さん、今日（三十日）午前中、学校へ行きました。給品部でいろいろ、先日のお手紙にありました品物を買って参りました。

絵の具も、絵の具道具を入れる箱も丁度、二つありましたので、買ってきました。
急がぬものでしたら、この次に面会の時にでも持って行きますが、どうしませうか。
品物により、小包ですとこわれると思ひます。
ノートもコンパス、分度器、鉛筆（など）ほとんどみんな揃ひました。
急ぎの品だけ、とりあへず送ります。軍歌集もその時送ります。
黒と赤線の運動帽も、隆の分と二つ買ってをきました。図画用紙も沢山あります。
今日は学校へ行きましたので、かへりは将介と一緒に帰りました。
将介は、一番後のお机です。丁度、図画の時間中でした。
なんの絵を書いたか、あとできいたらば、忘れたそうです。
いかにも呑気な将ちゃんらしいですね。隆とトリカヘッコ。

――二月四日ヤルタ会談、十四日近衛文麿が戦争終結を意見、十九日硫黄島の激戦。

［昭和二十年二月一日付葉書］田中勇発、田中将介宛

将介ちゃん、お手紙ありが度う。病気も、もうすっかり、なほった（治った）でせう。
将ちゃんも今度の面会に来るでせう。たのしみにしてゐます。

プリムスのおすが箱がひ（飼い）にされたさうですね。
二年生に、清水宣夫といふ人がゐるでせう。山中に兄さんが来てゐます。
では、お体を大切に、お返事を待ってゐます。

左様奈良

［昭和二十年二月二日付葉書］田中勇発、田中康允宛

お父様、お母様、その後お変り御座居ませんか。僕は元気です。
今朝、雪が二十糎か二十二糎位つもりました。
日がて（照）ると、はんしゃ（反射）して、とてもまぶしいです。
昨日、谷本さんの叔母様から、隆も三角定規をいただきました。
クレパスと習字のすみ（墨）を、早く送って下さい。
田辺の叔母様によろしくおねがひします。
では、お体をくれぐれもお大切に。
お返事を待ってゐます。小包をたのみます。

［昭和二十年二月二日付葉書］石坂明（静岡県浜名郡豊西村、正光寺）発、田中勇宛（註―石坂明は、勇が東調布第二国民学校へ通っていた当時の友人。同校の学童集団疎開先が正光寺）

お便りありがたく受け取りました。その後、君もそちらで、勉強に運動にはげんでゐるだろう。君もそちらは始（初）めてだろうから、みんなに泣かされてゐるだろう。君達は、敵の爆弾が落ちたのを見たかい。ぼく達は、十米も近くに、二百五十キロの爆弾が落ちたぞ。タコ（註―勇の綽名）がゐたら、こしを抜かすだろう。

では、お体を大切に。さやうなら。

［昭和二十年二月三日付］田中和子発、田中勇、隆宛

勇さん、隆さん、元気ですか。

きのふの雪のあとで、今日はよいお天気です。でも、風がピュウピュウ吹いてゐます。将介はきのふ（昨日）、あんなに元気で雪の中を学校に行きましたのに、今日は熱を出して寝てゐます。それで、今日の節分のお豆まきは、明日にのばしました。

お父様も今日は、会社へお泊りですし、将介は、お熱が九度三分ありました。それ

で御飯は食べたくないと、云ってます。今、パンを一きれ、やうやく食べました。

でも、割合に元気です。勇さんや隆さんも、体に気をつけて。

では、さやうなら。


[昭和二十年二月四日付葉書] 田中勇発、田中和子宛
お母様、お手紙ありが度う御座居ます。

三十日の日に学校へいらっしゃって、色々と買ってゐただきまして、ありがたう御座居ます。

絵の具の道具など、ありがたう御座居ます。皆品物がなくなるから、買っておくのですから、いる物だけいりますから、他は家に置いておいて下さい。

ノートも読方や算数、国史（は）全部かって下さったことでせう。

習字のスミ（墨）と分度器とコンパス、小刃（刀）を送って下さい。その他おねがひの物と軍歌集をおねがひします。

米村さんの嘉麿さんにお手紙を出したので、お写真をいただきました。

お所は、静岡県志太郡静浜村焼津航空基地（現在、静岡県焼津市の航空自衛隊静浜

基地）気付ウ四五〇士官室、米村嘉麿様で行きます。

将ちゃん、なんのゐかいたか、忘れてしまったさうですね。前と変わらず、呑気でやってゐますね。

光子姉さん、將介ちゃんへ、よろしくいって下さい。

では、お体をお大切に。ゐふで、クレパスも送って下さい。

左様奈良

［昭和二十年二月六日付葉書］田中勇発、田中康允宛
お父様、お手紙ありがたう御座居ます。ひさしぶり、お父様のお手紙とても喜（嬉）しいでした。

東京も寒いさうですね。夜外へ出るのは、さぞ大変でせう。将介ちゃんも毎日、元気で学校へ通ってゐるさうですね。四月から兄弟全部、山中湖畔へ来ますね。

こっちは、とても寒いです。一尺位つみった雪が、大（太）陽にはんしゃして、とてもまぶしいです。土曜日の空襲で、銀座の方がやられたさうですね。

（註—昭和二十年二月二日金曜日の空襲のことと思われる。この日は下谷区、城東区

が空襲され、四名が死亡している）でも、土曜日の空襲は、たいしてよい所がやられずに、よかったですね。

山中湖でスケートをやった（てお）り、六年生がしてゐるのを見て、僕もやりたくなりました。上の疎開学園にはスケートがありますが、下にはありません。猫背は、これから注意します。テグスと鉤（釣）竿をおねがひします。

では、お体をお大切に、なつかしいお手紙を待ってゐます。

左様奈良

［昭和二十年二月十一日付葉書］田中勇発、田中康允宛
お母様、おたよりありがたう御座居ます。將介ちゃんが熱が出て、ねてゐるさうですね。二月十九日に、六年生の送別会と、しゃ（謝）恩会をやりますから、なるたけなら僕等のお母さんやなにかに、来ていただきたいとの事です。無理といふわけでもありませんから、出来たら来て下さい。来るのなら、みかんでもハムでもなんでもよいから、あったら（持って）来て下さい。將介ちゃんによろしく。
では、左様奈良。

［昭和二十年二月十一日付葉書］　田中勇発、田中康允、和子宛

お父様、お母様、その後お変り御座居ませんか。僕は元気です。十九日の日、送別会と六年生のしゃ（謝）恩会がありますから、ミカンでもなんでもよいから、おみやげをもって、出来たら来て下さい。

隆のなくした万年筆が出て来ました。

では、お体をお大切に。

左様奈良

［昭和二十年二月十二日付葉書］　田中勇発、田中康允宛

お父様、お母様、お手紙ありがたう御座居ます。二月には、そちらも雪がふったさうですね。ねぼうの將介ちゃんも、雪と聲（聞）いて、すぐにおきたさうですね。三十一日の日は、田辺さんでお風呂をいただいたさうですね。一日の日は、お父様がおとまり番で、光子姉さんと將介ちゃんと三人で、大変だったでせう。

手紙の中に、堀井の叔父様のお写真が入ってゐたので、びっくりゐたしました。読売も朝日も毎日も皆、叔父様の事が書いてあったさうですね。幼年学校のお兄さんに

お手紙を書きました。人名簿を待ってゐます。昨日、わかさぎ（公魚）り（釣り）に行きましたが、一匹しか魡（釣）れませんでした。なるたけ早く、テグスと魡竿（釣竿）をおねがひします。出来たら、針も糸も全部つけて下さればいいのです。

では、お身をお大切に。お返事を待ってゐます。

では、左様奈良

お父様、お母様へ

勇より

［昭和二十年二月十四日付］田中勇発、田中康允宛

お父様、お母様、光子姉さん、將介ちゃん、その後お変り御座居ませんか。

近ごろお手紙が来ないので、しんぱいしてゐます。

十六日に、羽田さんの息子さんが入営するので、十五日は、(明日)羽田さんのお家で、御ちさう（御馳走）して下さるさうです。

十九日はいよいよ、六年生の送別会です。毎日毎日、一しゃうけんめい（一生懸命）

れんしう（練習）してゐます。

僕は、林君と漫才をやります。出来たら来て下さい。

今もいうびん（郵便）屋さんが来ましたが、僕には来てゐません。

人名帳も待ってゐます。

だいたい覚えてゐますが、よくわかりませんから、なるたけ早く送って下さい。

外は雪が、たくさんつもってゐます。

このごろは、カンパンのお三時がないので、ためられません。

昨日は、長瀬君のお姉さんがゐらっしゃって、お昼がすむとお帰りになりました。

一昨日は、山路君のお兄さんがゐらっしゃって、長瀬君のお姉さんといっしょに、お帰りになりました。

来る時、封筒を持って来て下さい。来る時、写真機を持って来て、僕を写して二、三枚送っていただきたいと思ひます。

では、お体をお大切に。

お返事を待ってゐます。

左様奈良

勇

お父様
お母様
光子姉さん
將介ちゃん

葉書入れを作りましたから、はる（貼る）千代紙を送って下さい。色えんぴつと。

［昭和二十年二月二十日付］田中勇発、田中康允宛

お父様、お母様、その後お変り御座居ませんか。僕はますます元気ですから御心配のないやう。

十八日の日、お父様がいらっしゃらないとの電報が来たので、がっかり（註―〃がっかり〃の部分は太線文字で書かれている）しました。

昨日は、校長先生はいらっしゃいませんでしたが、六年生の送別会と謝恩会をやりました。

その前に、御菓子のはいじゅ（拝受）式をしました。（註―皇后陛下から学童疎開

の児童へ賜わった明治製菓製のビスケット。昭和二十年一月から三月にかけて、全国の学童集団疎開中の全学童に賜われた）

前に机があり、横にお菓子の入ってゐる箱がありました。

御歌などをお唱ひ（「つきの世を　せおふへき身そ　たくましく　たたしくのひよさとにうつりて」皇后陛下御歌）、一人一人（が）、清水先生の前へ出て、ありがたく、いただきました。

その中から、七つづつ村の生徒の方たちに出しました。

そして御菓子のでんたつ式を終りました。

引きつづいて、六年生の謝恩会と送別会をしました。

五年生からは、山路君がおいはい（お祝い）の言をのべ、六年生からは、内海君がお礼の言をのべました。

さうしてから、六年生に机を並べて、たって並びました。

さうして、直径が五糎位のおまんぢう（お饅頭）を二ついただきました。

中にあんこがたくさん入ってゐました。

さうして、御賜のお菓子を三ついただきました。

それから、よきゃう（余興）にうつりました。とても面白いでした。

一番最初に、僕等が（四、五年）で、暁に祈る（戦時歌謡。作曲古関裕而、作曲野村俊夫、編曲奥山貞吉。この曲は、昭和十五年に松竹で制作された田中絹代主演の映画『征戦愛馬譜、暁に祈る』の主題歌で、伊藤久男が歌った）を歌ひました。

手品やたいわ（対話）などをやりました。

しかし、時間がないので、半分位でやめ、後は校長先生がいらっしゃってからにするさうです。

それから夕食にうつりました。僕もまだやってゐませんから、校長先生といらっしゃって下さい。

御馳走は、赤飯に豆のにつけ（煮付け）、しゃけのかんづめ（鮭の缶詰）、そのほかいろいろの御馳走があって、とてもおいしいでした。

最後に、疎開の歌（註―一、疎開は勝つため、国のため、かならづ元気でやりぬくぞ。さうださうだやりぬくぞ。二、よは虫、泣き虫いるものか、いつでもにこにこ明るいぞ、さうださうだ明るいぞ。三、しづかないなかでたくましく、心とからだをきたへるぞ、さうださうだきたへるぞ。四、みなさんしんぱいなさるなと、風にことづけたのんだぞ、さうださうだたのんだぞ）を歌って終りにしました。

食後には、甘酒をいただきました。

大滝先生のお話では、まだ御馳走もいっぱいとってあるさうですから、校長先生のいらっしゃる時、皆でいただくさうです。

では、お体をお大切に、お返事を待ってゐます。

面会の時まで、御賜のお菓子をとっておきますから、なるた（だ）け早く来て下さい。

左様奈良

勇

お父様
お母様

［昭和二十年二月二十四日付葉書］田中勇発、田中康允宛
お父様、お母様、将介ちゃん、その後、お元気の事と思ひます。
昨日、御賜のお菓子が帰って来たので、さっそくはり箱に使ってゐた箱につめて、先生に所まで書いてゐただきましたが、一週間位すると、将ちゃんが山中へ来ると、

お父様がおっしゃってゐたさうですね。それでその時、家の方がいらっしゃる思ひます。ですから、なるた（だ）け早く、来て下さい。それまで僕が五つ、隆が三つとっておきますから。

今、お三時のぢゃがいも（を）いただきました。お三時の前にそり（橇）で二号の方へ、まき（薪）をとりに行きました。雪がたくさんあるので、そり（橇）が思ふやうに運べないので、とてもこまりました。ハガキがぢきなくなりさうてせすから、送って下さい。出来たら洋服（制服）を作って下さい。

では、皆様のいらっしゃるのを待ってゐます。お体をお大切に、お返事を待ってゐます。では、将ちゃん、早くゐらっしゃい。明日の日曜日がたのしみです。

勇

皆様へ

左様奈良

［昭和二十年二月二十五日付封緘葉書］田中隆発、田中康允、和子宛

お父様、お母様、お姉さん。

しばらくごぶさたしましたが、その後お元気なことと思ひます。

このごろは、ゆうびん（郵便）やさんが来ないので、づいぶんたまっています。
昨日はとても寒く、室内でも〇下十四度でした。
今、お母様の手紙が来てワタされました。
家の上空で空中戦をやったさうですね。すごかったでせう。
手袋はさっきはめました。とても暖かでした。
防空壕でたべたさうですね。今度の防空壕に、一ぺんはいって見たいです。
十八日は將ちゃんのおたんじょう日ださうですね。
今日も今、雪が降っています。
では、五月二十一日（勇の誕生日）をまっています。
お身を大切に

隆より

左様奈良

二月二十五日

お父様
お母様へ

将ちゃん。そのごお元気です。ちい兄さん（隆）は元気だよ。おたんじょうびの日は、たのしかったらう。

さようなら。

［昭和二十年二月二八日付］田中勇発、田中康允宛

お父様、お変り御座居ませんか。

日曜日にふった雪でもって外は、一メートル位になりました。今日雪合戦をやりました。

やる時、雨ぐつでは、くつの中に雪が入るので、ゲートルがいりますから大急で送って下さい。くつはつっかかり治してゐただきました。

今、ねどこをひいて来ました。

家に『世界の翼』といふ飛行機の写真の本がありますから送って下さい。それも大しきうでおねがいします。ハガキもたのみます。

もうぢき晩御飯になります。このごろは、ストーブがよく消えるのでこまります。

昨日も僕が当番なので、五六回以上も消えたので困りました。

こんな葉がきが作れたら送って下さい。飛行機の本をたのみます。光子姉さんに、歌をおねがひしてありますから、早くかいて下さるやうにおっしゃって下さい。

おねがひばかりですみません。

では、お体をお大切に。

田中勇

左様奈良

［昭和二十年三月四日付封緘葉書］田中勇発、田中康允宛

お父様、その後お変り御座居ませんか。

今日、お母様からお手紙で、無事に田園調布のお家へ、お帰りになりましたさうですね。二十四日は、御祖母様の御命日で、おはか（お墓）においでになって、入江の御祖父様のおはか（お墓）にもお参りにったさうですね。今、雪がちらちらと、お父様が東京へお帰りになる時の様にふってゐます。

木も重さにたれてゐます。まだ一尺位つもるでせう。

もう雪もあきあきしました。枯木も雪がつもって、氷で作った木のやうになりました。

今、羽田さんが、まき（薪）をたくさん、びっくりするほど、せおって（背負って）ゐらっしゃいました。

今日のお三時は、たうもろこし（玉蜀黍）のこな（粉）で作った、ホットケーキみたいなので、とてもおいしいでした。

昨日は三月三日で、桃の節句でもって、お姉さん方のおいはひ（お祝い）でもって、夜はお赤飯に、昼間僕等六人で山中から取って来た、こんにゃくと大根のにつけでした。

今日のお昼は「ざうすい」（雑炊）でした。さて、御飯がたのしみです。

將介ちゃんも、清水君や渋沢君、海老原君の弟たちと、早く来るのを待ってゐます。

昼御飯がすんで、お三時まで川上先生や僕等と一しょ（緒）に歌やお話などをしました。ハガキを送って下さい。ゲトル（ゲートル）とワイシャツも、將ちゃんの時たのみます。インキがなくなりさうですから、中を持って来て下さい。

では、お体をお大切に。お返事を待ってゐます。では、又書きます。

お父様へ

三月四日午後

勇より

――三月十日、東京大空襲、さらに大阪、神戸でも。十七日、硫黄島で日本軍全滅、十八日「決戦教育措置要綱」によって、学徒総動員が決定する。

［昭和二十年三月十三日付葉書］田中勇発、田中康允宛

お父様、お母様、その後お変り御座居ませんか。ずっとお手紙を書かないですみませんでした。十日は六年生の帰京の日で、（註―昭和二十年三月十日は、東京大空襲の日であった。そのため、帰京する六年生の中には、実家が空襲の被害に遭った学童も少なくなかった。

この日アメリカ軍は、第七三、第三一三、第三一四の三個航空団の三二五機のB29が大空襲を行った。空襲は、第一目標の深川区、第二目標の本所区、第三目標の浅草区、第四目標の日本橋区をはじめ、江戸川区、葛飾区、向島区、足立区、荒川区、下谷区、京橋区、神田区、本郷区、小石川区、滝野川区、豊島区、牛込区、板橋区、渋谷区、赤坂区、麻布区、世田谷区、大森区などが空襲された。

この空襲では、一部で機銃掃射も行われた。空襲に使用された爆弾は、新型のE46集束焼夷弾を中心とした油脂焼夷弾、黄燐焼夷弾、エレクトロン焼夷弾、ナパーム弾などであった。

この大空襲による死亡者数は約十万人以上、負傷者約十一万人以上で、被災者は約百一万人、被災家屋は約二十七万戸にものぼり、単独の空襲による犠牲者数は、世界史上最大であり、まさに日本人大虐殺ともいうべきものであった。

この作戦を指揮したカーチス・ルメイ少将は、戦後、航空自衛隊の育成に貢献したという理由から昭和三十九年十二月七日に、勲一等旭日大綬章を浦茂航空幕僚長から授与された。

勲一等旭日大綬章の授与は通常、天皇陛下から皇居において授かるものであるが、カーチス・ルメイの授与に関して、昭和天皇はそれを拒否されたとも伝えられている)

その前の夜、三回目の本当の最後の送別会をやりました。

皆、村のバスの来る所まで見送りました。平野の学校や村の人たちに送られて行きました。

日曜日の昨日は、上の方へさうぢ（掃除）をしに行きました。三学期の考さ（査）は、上へ行ってからやるそうです。

将ちゃんやお母様のいらっしゃる日を待ってゐます。

今、お三時を食べました。

今日、勉強の最中、B29が一機、ロケットすいしん（推進）の白い線をひいて戸尾ってゐました。

筆箱のふたが、五糎位ひびが入りましたから、家にかはりがあったら来る時持って来て下さい。あったらでいいですから、おねがひします。

くつのひもの長いのがあったら、持って来て下さい。

では、お体をお大切に。お返事を待ってゐます。

左様奈良

五年　田中勇

［昭和二十年三月不明日付葉書］田中勇発、平岡光子宛

光子姉さん、その後お変り御座居ませんか。永い間、お手紙を出さないで、御めんなさいね。

十月ごろか九月ごろ（去年）に、お姉さんと、「敵はいく万ありとても」といふえいぐわ（映画）を（註―『敵は幾万ありとても』昭和十七年八月三十一日公開、製作東宝、配給東宝、七十二分、白黒作品、監督斉藤寅次郎、脚本山形雄策、伏見晃、音楽伊藤昇、出演古川緑波、徳川夢声、月田一郎、山根寿美子など）見ましたね。「今ぞけっせん」といふ歌が出ましたね。あれをおぼへていらっしゃったら、教へて下さいね。

一番だけおぼへてゐます。「男いのちのちるときは」といふのが、一番の最初の文（詞）です。四番まであるさうです。（註―『今ぞ決戦』作詞藤浦洸作、作曲明本京静、歌近江俊郎、楠木繁夫、一、男命の散るさきは　香りわかしき若桜　「今ぞ決戦」勇んで立てば　何の刃向う敵があろう。二、死ぬも生きるも国の為　士気は凛々しく天を衝く　「今ぞ決戦」結んだ唇　断の一文字貫くぞ。三、戦勝つには胆と熱　燃えて火となる闘魂だ　「今ぞ決戦」元気で征けと　叫ぶ先輩血の声だ。四、南の極み北の果て　思え勇士の敢闘を　「今ぞ決戦」心も堅く　築け東亜の共栄圏）

お父様がお帰りになる時は、（積雪は）六十糎位でしたが、今日も十時位から、大きなぼたん雪がふりばじめて、今もどんどんとふってゐます。

木も雪が白くつもって、重さにたれてゐます。

今日も艦載機の波上（状）攻撃で、東京はどうですか。

今、上へ床をひいて来ました。今夜のおかずは、にほひ（匂い）のかげんで、どうも天ぷららしいです。

東京も雪がふってゐますか。こちらはとても雪がふかいです。

光子姉さんが来たら、びっくりしますよ。

では、お体をお大切に。お返事を待ってゐます。

田中勇

――四月一日沖縄で地上戦はじまる、七日戦艦「大和」沈没、三十日ドイツのヒトラーが自殺する。

[昭和二十年四月一日付]　田中將介発、田中康允、和子宛

お父様、お母様へ
お父様、お母様、お元気ですか。ぼくは元気です。
このあいだは、てきが６００き（機）もきました。さうして谷本君のうちは、大が

たしやういだん（焼夷弾）が三ツもおちて、三分ぐらいでまるやけ（丸焼け）になったさうですよ。

あったら早くおんがく（音楽）の本をおくってください。

このごろ、けいかいけいほう（警戒警報）が一日にならない（鳴らない）ときはありません。

今日は、おおたき（大滝）先生がおかいり（お帰り）になりました。

きのうは先生に、あたまをかいていただきました。

できたら、はんそで（半袖）をもってきてください。

こんどくるとき、いろんなうち（家）のばんち（番地）をかいて（書いて）、もってきてください。

では、お元気で。さよ（う）なら。

このをしばな（押し花―桜の花の押し花が同封されている）は、ぼくがつくったのです。

将介より

（註―暁星小学校の三年生に進級した勇の末弟將介は、三月末に山中湖畔の暁星疎開

学園に学童疎開した。これで、兄弟三人揃って学童集団疎開の生活を送る事となる）

［昭和二十年四月二日付］田中勇発、田中康允宛

お父様、お母様、其後お変り御座居ませんか。
一昨日、ヘルムへ引越しました。
將介も元気です。
昨日は日曜日ですが、別荘のまはりの草をとりました。
今日は朝からすこし曇って、陰気でとてもいやです。
今日は、安田君が熱海へ帰って行きました。
下駄の配給がありました。歯ミガキ粉もありました。
毎晩毎晩、上へね（寝）に行くのがとてもおっくうでいやです。
今度の日曜日に、冬の着物を取りに行きますから用意して下さい。
お体をお大切に。

左様奈良

お父様

お母様

勇より

［昭和二十年四月九日付葉書］　田中勇発、田中康允宛

お父様、お母様、其後お変り御座居ませんか。僕は元気です。

今朝御飯をいただきました。御飯の前に、三学期の成績を下さいました。

良下の体操も良上になり、優は修身、国語、「算数」、地理です。

学年成績も三学期も全部良下なしでした。

今日から六年生の始（め）です。六年最後のみがきをしっかり勉強しますから、御安心下さい。

では、光子姉さんに、お成績（を）知らせてって、いって下さいね。

ピーピーも卵をうみますか。谷本さんからハーモニカを渡していただきました。

本も送って下さい。

お体をお大切に。

では、左様奈良。

［昭和二十年四月不明付］田中勇発、田中康允宛

お父様

お手紙ありがとう御座居ます。僕はますます元気です。

この前の前の手紙で、三学期の成績をおしらせしましたが、もう一度おしらせします。

修身優、国語優、地理優、算数優、体操優、図書優、理科良上、音楽良上、習字良上、工作良上、です。

二学期より（優が）三つふえました。

今日は、朝から清水先生が、新しい三年生をつれに東京へお帰りになり、僕たちは大滝先生につれられて、近くの大手山へのぼりました。

あんまりあつく（暑く）、すいとういっぱい（水筒一杯の水）を一人でのんで（飲んで）しまひました。

山で鬼ごっこをしたりして、おやつ前に宿舎についた時は、へとへとでありました。

勇より

今度はだんだんに大平山、石わり山、五湖めぐり、富士山やなにか（何か）にのぼるさうです。

第二の学校（註―東調布第二国民学校＝現・大田区立田園調布小学校）は焼けたさうですね。

將介は元気ですから御安心下さい。時々いっしょに二人でねます。

三年生は夜なかなか眠らず、大きな声でさはぐの（以下手紙欠損）

――中小の都市へも空襲はじまる、二十八日ポツダム宣言を拒否、三十日どんぐりの食料化が決定

［昭和二十年七月十三日付］　田中勇発、田中康允宛
お父様、お母様、無事東京へ御帰りになった事でせう。
今日は朝から雨ですが、一番でお帰りになった事でせう。
今朝の御飯は、ウドンと野さい（野菜）とたうもろこし（玉蜀黍）の粉でした。
昼は、直径三糎か三糎五ミリ位の団子と、他は朝と同じです。
今作（昨）日の風でたほされた（倒された）「たうもろこし」（玉蜀黍）を起こして、

土をよせる作業をして来ました。

今もまだ霧が深く、対岸の方から後の山にかけてあるので、富士山も見えず、空も灰色でとても陰気です。

さっき警報が出ましたがどうですか。

今日は国語と算数と地理をやりました。

まだ、おねがひする物があったから書きます。レターペーパー、切手、封筒です。

では、空襲にお気を付（け）下さい。

栗原、安延、藤村君の所がわかったら教えて下さい。

左様奈良

勇

お父様
お母様
七月十三日　金　一時十分
将介ちゃん。
東京はどんな様子ですか。兄さんは元気でよ。早くお出来を治して、又山中の疎開学園へおいでよ。

今日、兄さん達は、作（昨日）の風で倒れた、「たうもろこし」（とうもろこし）を起こしました。手も足も土だらけです。

今日は、何時も（の）曇り日と同じやうに、雲がかかってゐますよ。

今度、東京から来る時ね、B29やP51などの部分品なんかあったら持って来てね。

それから、なんか好いやうな物があったら、「おみやげ」に持って来てね。

僕の部屋にある「どうたい」（胴体）と尾翼とのグライダーと、飛行機の材料があったら持って来てね。

では、又早く来てね。

勇

左様奈良

將介ちゃんへ

七月十三日　金

［年月日不明の封書］　田中勇発、田中康允、和子宛

お父様、お母様、お元気ですか。僕は元気です。

昨日、雪がふりました。夕方からふった雪が今朝見ると、一糎ぐらゐつもりました。はをみがきに井戸へ行くのに、げたのは（下駄の歯）の間に雪がたまって、歩くのにこんなん（困難）でした。まだ道が白いです。

今、勉強が始まりますから、一時、ペンを置きます。

今、二時間目の勉強が終りました。勉強の最中、五日の七時十五分に書いたお手紙と、栗原君から（手紙が）来ました。

四日の晩、お父様がお帰りになったさうですね。お母様がゐらっしゃるのを待ってゐます。

先生の御病気は（お）治りになって、昨日から起きてゐらっしゃいます。

海軍グラフは、持って来ると悪くなりますから、あんまり送らないで下さい。

田辺の叔父さまに、よろしくおっしゃって下さい。

キヨカって、おすみさんの前にゐた女中さんですか。早く赤ちゃんがうまれるとよいですね。

では、お体をお大切に。又雪がふり始めました。

さやうなら。

葉書がいつのまにか、なくなってゐましたから、送って下さい。

光子姉さん、將介へよろしく。

山中湖畔の勇より

お父様
お母様

[年月日不明の封書] 田中勇発、田中康允、和子宛

お父様、お手紙どうもありがたう御座居ます。

此の間、お母様がいらっしゃった時に、お父様はまだ、大阪からまだお帰りになってゐないといふので、心配しました。

今日は、昨日長池部落であった事を、お父様にお知らせしませう。

作(昨)日は、特別攻撃隊の勇士十名を長池の国民学校でお迎へして、会をしました。

僕等も、特別攻撃隊の勇士たちに、歌やお名前を書いてゐただきました。

もうすぐ敵艦とさしちがふ（刺し違える）人達とは思へない様でした。

特攻隊の勇士から、「年もなにもない」といって、僕等五、六人にお酒を下さいました。

二度もいただいたので、胸の辺りが熱くなって困りました。

隆などは、勇士からお豆をいただき、三井君などは、おすしをいただきました。

村の人々や僕等で、歌やいろいろな事をして、勇士たちをおなぐさめ（お慰め）しました。

白いマフラーに飛行服姿がうらやましくて、しかたがありませんでした。

しかし飛行帽は、かぶさせていただきました。

さうして眼鏡を、ぴかぴかに気のすむまで、みがいて来ました。

今度面会の時、お父様に見せてさしあげませう。

では、お体をお大切に。面会を待ってゐます。

左様奈良

勇

お父様へ

カナラズ焼い弾を持って来て下さい。

（註—この一文は、赤鉛筆で二重に囲まれてあり、カナラズの文字は赤鉛筆で書かれている）

あとがき——天使の並木道

平成二十七（二〇一五）年八月十五日、日本は終戦七十周年を迎えました。

この年、安倍政権が積極的平和主義という美名の下で閣議決定した、憲法の法的解釈の変更によって断行した、集団的自衛権の行使容認を受け、自民党政権は七月十六日、安全保障関連法案（安保法案）を衆院本会議で強硬採決しました。

これによって世論は賛否両論に分かれ、国論は分裂しました。

安倍政権が断行した、集団自衛権の行使を可能にする安全保障関連法が成立した背景には、アメリカの存在があります。

そもそも憲法第九条で、戦争放棄を謳った日本国憲法は、昭和二十（一九四五）年八月十五日にポツダム宣言を受諾によって終戦を迎えた日本に対して、アメリカをはじめとする連合国軍が占領政策を施すために、連合国軍最高司令官総司令部が制定した憲法です。

その後、米ソ冷戦をはじめ、中国で共産主義革命と朝鮮戦争は、アメリカによるアジア支配に対する脅威だとして、日本を反共の砦にするべくアメリカは日本の再軍備を進めました。

こうして出来あがったのが自衛隊です。自衛隊の存在は、平和主義を謳った日本国憲法からすると、明らかに違憲です。

安倍政権によって制定された今回の安全保障関連法も、自衛隊と同様に違憲であることは明白です。

アメリカの日本占領の目的は、日本の弱体化にありました。そのためアメリカは、日本の強い軍隊を解体して、占領基本法としての軍備の保有を憲法で認めない日本国憲法を制定したのです。

しかし、昭和二十四（一九四九）年に中国に社会主義政権が誕生し、朝鮮半島やヴェトナムが南北に分断されると、アジア諸国の赤化阻止というアメリカの国際戦略によって、日本を反共の砦にすることがアメリカの急務になりました。それが、いわゆる〝逆コース〟です。

そこでアメリカは、朝鮮戦争勃発を機に、日本に前線補給基地としての役割を担わせるべく、ＧＨＱの指令に基付くポツダム政令によって、警察予備隊が総理府の機関として組織されました。すなわち自衛隊の前身です。

昭和二十六（一九五一）年九月八日に締結されたサンフランシスコ講和条約は、その締結の条件として、アメリカが日本に要求したことは、日米安保条約と日米地位協定の締結によって、占領軍が在日米軍として、そのまま日本への駐留を継続することでした。また、沖縄をはじめ奄美諸島および小笠原諸島は、アメリカの施政権下に置かれたままとなりました。

そして警察予備隊は、昭和二十九（一九五四）年に自衛隊として改組されました。昭和三十五（一九六〇）年一月に、岸信介首相（当時）がアメリカと調印した新安保条約は、単にアメリカ軍に基地を提供するための条約から、日米共同防衛を義務づけた条約に改正するもので、

一、内乱に関する条項の削除
二、日米共同防衛の明文化（日本をアメリカ軍が守る代わりに、在日米軍への攻撃に対しても自衛隊と在日米軍が共同で防衛行動を行う）
三、在日米軍の配置・装備に対する両国政府の事前協議制度の設置

が謳われました。

この安保条約改定に対して、大々的な反対運動が生じ、国会周辺を三十五万人の学

生、労働者、知識人らによるデモ隊が取り巻き、激しい抗議活動を行いました。

アメリカは、安保条約改定を進める岸信介首相を支えるべく、アメリカ中央情報局（ＣＩＡ）を通して、自民党とその党幹部に数百万ドルにも上る工作資金を提供しています。

一方、安保反対闘争に対しても、その中心勢力であった日本社会党や日本共産党、総評などに対して、ソ連共産党中央委員会国際部がミハイル・スースロフ政治局員の指導の下、かなり大きな援助を与えており、それらの勢力が安保闘争において、ソ連共産党中央委員会国際部とその傘下組織と密接に連絡を取り合っていたことを、イワン・コワレンコソ連共産党中央委員会国際部副部長（当時）は、自著『対日工作の回想』のなかで証言しています。

このように安保闘争とはまさしく、米ソ冷戦のなかで、日本を舞台にしたアメリカとソ連の特務機関による熾烈な諜報戦だったのです。

六十年の安保条約改定は、アメリカのソ連脅威論によって行われたものでした。

今日、安倍首相が行った安保関連法の制定は、アメリカによる中国脅威論によって行われたものです。岸信介元首相の孫が、安倍晋三元首相であるということを考えれば、その運命的な因縁を思わざるを得ません。

ロシアをかつてのソ連のような赤色帝国主義国家だ、と主張するアメリカの新保守主義派、いわゆる〝ネオコン〟による、ウクライナにおける二〇一四（平成二十六）年の米欧派政権擁立のための〝ユーロマイダン〟と称する暴力革命は、それに反対するドンバス地方のドネックおよびルガンスクの独立となり、ウクライナ内戦を生じさせ、それは激化の一途を辿りました。

ウクライナの反露親米欧勢力による暴力的な政変は、ロシア語の使用禁止とロシア系ウクライナ人への激しい迫害を生じさせたことから、ロシアの態度を硬化させました。その結果、ロシアは自国の安全保障のために、実力を以って、クリミア半島の失地回復をせざるをなくなりました。

ロシアのそうした行動を脅威としたアメリカとEU諸国は、ロシアに厳しい制裁を科し、その結果、ロシアの通貨ルーブルは下落し、ロシアに経済的な悪化をもたらしました。

そのためロシアは、自国の安全保障と経済的な失速を阻止するために、中国との接近を余儀なくされました。

アメリカにとってそれは、「中露が一体となって、アメリカ中心で構築した戦後の世界秩序に対する挑戦である」というプロパガンダの恰好の構図となったのです。

アメリカはその機を利用して、安保関連法案の制定と沖縄の基地移設問題を日本に求め、さらには海上自衛隊に対して、ウクライナとルーマニアとの黒海における演習を迫り、事実上、ウクライナ問題に日本が介入せざるを得ないような圧力を加えました。

事実、自衛隊の統合幕僚長に対して、当時アメリカ軍は、自衛隊がウクライナ軍とルーマニア軍とともに黒海で合同演習をするか否かの打診をしています。

また、中東の危機を理由として、アメリカは、シリアやトルコにも自衛隊の派遣を迫っています。

本来、日本が安全保障上で脅威となりつつある北朝鮮に対しては、集団的自衛権を行使しなくても、個別的自衛権で当然対抗できるはずです。

それをあえて安保関連法において集団的自衛権に拘るのかといえば、国力が低下したアメリカが、日本を彼らの駒として動かすことによって、アメリカの国際戦略を構築しようという狙いがあるからです。

アメリカの国際戦略によって、イラク、リビア、アフガニスタンなど多くの国々が、平和を回復するとしたアメリカの軍事的介入を受けました。

これによってそれらの国々は四分五裂して、内戦による惨禍に見舞われ、国民生活は完全に破壊されました。前述したウクライナもしかりです。

そうした内戦の介入にアメリカは、日本の自衛隊をアメリカ軍の代わりに駆り立てようとしているのです。

大東亜戦争においてアメリカは、本土空襲、沖縄戦、広島・長崎への原爆投下など、日本の民間人を百万人以上大量虐殺しました。

そうしたアメリカの国際戦略は、七十年の年月が経過した今日もなお、その血脈は堂々と生き続けています。

ところで、七十八年前、十一歳だった私の父は、戦火を逃れるために、両親と別れて学童集団疎開をしました。それはまだ幼かった父にとって、どんなにか寂しく、不安で心配な日々であったに違いありません。

学童集団疎開の対象となった、小学校三年生以上の、すなわち八歳以上の子どもたちの、四十五万人が、父と同じような境遇に置かれていました。

また、学童集団疎開の最中に、両親が空襲によって亡くなり、戦災孤児となった子どもたちも大勢いました。

ちょうど、本書の刊行を企画した平成二十七年当時、私の娘は八歳で、小学校三年生でした。まさに戦時下ならば、学童集団疎開の対象となった年齢です。

娘はまだ、父親である私や母親に甘えたい盛りの年齢でしたが、一人で電車通学をしており、親としてまだ幼い娘が、一人で電車に乗って学校へ通うことが、心配でならない年頃でした。

その娘と同世代の戦時下の幼い子どもたちは、学童集団疎開によって、親と離れ離れとなった上、いつ空襲で生命を落とすか分からない、恐怖と不安な毎日を親たちは都会で送っていました。

もし私の娘が、戦時下の子どもたちと同じ境遇に置かれたことを想像したならば、戦時下の親たちが、疎開先の子どもの生活が心配で堪らなかった、親心を肌身に沁みて実感することができます。

息子や娘に将来、子どもができたとき、学童集団疎開をして寂しく、心配な少年時代を送った父のような思いを断じてさせてはならないと、私は強く願ってやみません。

日本は絶対的に平和でなければならないと私は考えています。断固平和を守り抜かなくてはなりません。

そのために日本は、断じてアメリカに隷属化されてはならず、アメリカが戦後、世界支配のために築いた秩序であるサンフランシスコ体制から脱却して、自由にならなくてはなりません。

日本政府は、国際社会の貢献の一環だとして、一九九一年の湾岸戦争以降、国連の平和維持活動（ＰＫＯ）として、自衛隊を海外に派遣しています。

しかし、国連において日本は敵国条項によって、未だに世界の敵国であると規定されています。また、国連安全保障理事会の常駐理事国でもありません。

それにも拘わらず、国連の平和維持活動（ＰＫＯ）に参加することは、たいへんに矛盾した可笑しなことです。

国連の平和維持活動（ＰＫＯ）に参加して、日本が国際社会に貢献するためには、先ずは、国連の敵国条項から日本を削除することが必須です。その上で、日本が国連の安全保障理事会の常駐理事国入りすることです。

国連において、そのような条件が満たされてこそ、はじめて平和維持活動（ＰＫＯ）

に日本が参加する責任が生じるのです。

国連の中で世界の敵国だとして明記され、国連安全保障理事会の常駐理事国でもない日本が、平和維持活動（ＰＫＯ）に参加して、自衛隊をわざわざ海外に派遣する必要は微塵もありません。

自衛隊は、日本を侵略者から文字通り自衛するための組織であって、平和維持活動（ＰＫＯ）などに参加して、海外の紛争に関わる組織ではないのです。

安保関連法案の成立によって日本は、アメリカの圧力によって今度は、国際連合平和維持軍（ＰＫＦ）に自衛隊が参加させられる危険性が極めて高くなることでしょう。

日本が戦争を放棄し、国際紛争を解決する手段として武力を用いないという決意を固めるのであれば、アメリカ傘下で唱える、まやかしの平和主義から脱却しなくてはなりません。

ましてや、〝積極的平和主義〟などという言葉を、日米安保体制の下で唱えたならば、日本はアメリカの前衛の駒として使われるだけです。

日本が絶対的な平和国家となるためには、日本人自身が、歴史的に戦争の原因を徹底的に究明する必要があります。

そして、日本を敗戦に導き、国家存亡の危機に陥らせた、政治的な指導者の責任を総括する必要があります。

そうした歴史的な反省に立脚した上で、日本は、自主国防体制に立脚したスイスやスウェーデンのような、永世中立国となる必要があります。

二〇一四年に、〝ユーロマイダン〟という、暴力革命によってキエフで非合法に成立した、極端な民族主義的な政権に抵抗するために、ウクライナ東部のドンバス地方で独立した、ドネツク人民共和国とルガンスク人民共和国という二つの人民共和国で生活する一般の人々に対して、ウクライナ政府軍と極右軍事組織は、今日に至るまでの八年間、容赦ない武力攻撃を続けています。

ウクライナ政府軍と極右軍事組織の攻撃から身を守るために、ドンバスの子どもや女性、老人たちは、今日に至るまでの八年間、暗い地下に掘られた防空壕での生活を余儀なくされました。

ウクライナ政府軍と極右軍事組織の攻撃によって、ドネツク人民共和国とルガンスク人民共和国の民間人約一万五千人以上がこの八年間で、尊い生命を落とし、とりわけ子どもや女性、老人が犠牲となりました。ドネツクには、ウクライナ軍の攻撃で犠牲になった子どもたちの追悼碑〝天使の並木道〟が建立されています。

そうした、ウクライナ政府軍と極右軍事組織によるウクライナ人を攻撃し続けた八年間に終止符を打つべく開始されたのが、今回のロシアによる特別軍事作戦です。

ウクライナ政府軍と極右軍事組織によるドンバス大攻撃の情報を掴んだ、ドネツク人民共和国とルガンスク人民共和国は、安全保障上の防衛をロシアに要請し、それを受けたロシアが、これらの共和国を国家として承認した上で、国連憲章第七章五十一条の「自衛権」「国際連合安全保障理事会は、平和に対する脅威、平和の破壊及び侵略行為の存在を決定し、勧告を行うとともに、非軍事的強制措置・軍事的強制措置をとるかを決定することができる」とする、つまり、特別軍事作戦を実施したのが、今回のウクライナ紛争です。

ロシアの特別軍事作戦に抵抗するべく、ウクライナのゼレンスキー大統領は、非戦闘員である国民に人民戦争を呼びかけ、一般市民に銃器を配布すると共に、火炎瓶でロシア軍に対する攻撃を呼びかけました。

また、極右軍事組織のアゾフ連隊などは、人間を盾にしてロシア軍に抵抗をしました。これら一般市民を政府が戦争に巻き込む行為は、国際人道法に違反した戦争犯罪行為に他なりません。

今回の特別軍事作戦においてロシアは、ウクライナ軍の無力化と非ナチ化（非極右化）を図るために、ウクライナの軍事施設を中心に攻撃をしていましたが、軍事施設を狙ったミサイルが途中で迎撃されたために、民家に被害が出たのをはじめ、ウクライナ政府による人民戦争化の結果、残念ながら一般市民も戦闘に巻き込まれて落命しています。また、ドネツクやルガンスクの両人民共和国の人々の悲劇と他所に、今まで平穏に暮らしていた一般のウクライナ市民たちは、ドンバスの人々と同様に戦火を逃れるために、防空壕での避難生活を行うようになりました。その中心が子どもや女性、老人たちです。

子どもや女性、老人が犠牲になるのが戦争です。私の父が七十七、八年前に経験した辛く悲しい戦争が、今日もなお、世界中の至る地域で行われています。

ドネツクおよびルガンスクの両人民共和国の子どもたち、それに加えてウクライナの子どもたちが、そして戦火が止むことがない世界中の子どもたちが、かつて父が抱いていた思いと、等しい思いを抱いているに違いありません。

戦争に対する子どもの悲しくて辛く寂しい思いは、古今東西、等しいものがあるはずです。

世界の平和を願わんがために、私は本書の出版を企画し、編纂、上梓をしました。また本書が、終戦七十年目に他界した、父の平和を願うメッセージとして、戦争を知らない世代の人々に、平和の尊さを考えるきっかけとなるならば、私この上ない喜びです。

父が体験した戦争の記憶が、余すことなく私の息子や娘に伝えられ、子々孫々に至るまで、日本が平和国家であり続ける努力を重ねることへの決意が、本書によって成されたとしたならば、親不孝を重ね続けた、不肖の息子の父に対する供養になるのではないのかと、信じております。

七十七回目の終戦記念日を前に、横須賀軍港を眺めつつ

田中健之

編著・田中健之

昭和三十八年十一月五日、福岡市出身。玄洋社初代社長平岡浩太郎の曾孫。黒龍會創立者内田良平の血脈道統を継ぐ親族として日中、日露間を往来し、善隣友好に努める。

拓殖大学日本文化研究所附属近現代研究センター客員研究員を経て、ロシア科学アカデミー東洋学研究所客員研究員、モスクワ市立教育大学外国語学部日本語学科客員研究員、岐阜女子大学南アジア研究センター特別研究員。歴史作家として執筆、講演などを行っている。

著書に『実は日本人が大好きなロシア人』宝島社、『昭和維新』学研プラス、『横浜中華街』中央公論新社など多数。

田中勇（基之）

昭和八年五月二十一日、東京都出身。平岡浩太郎の孫。昭和十九（一九四四）年六月、東調布第二国民学校（現東京・大田区立田園調布小学校）から私立暁星小学校に転校。学童集団疎開を経験する。

暁星中学校を経て慶應義塾普通部へ進学、慶應義塾大学に進む。高校、大学時代は、体育会蹴球部（ラグビー部）のアスリートとして活躍す。昭和三十年、慶應義塾大学法学部政治学科卒業。日本石油輸送株式会社に入社、同社常務取締役を経て、株式会社エネックス代表取締役社長に就任した後に退任。平成二十七（二〇一五）年四月八日逝去。享年八十一。

お父様、お母様、お元気ですか？ 僕は元気です。

親子の書簡にみる学童集団疎開（昭和19年～昭和20年）

発行日 令和四（二〇二二）年八月十五日 第1刷発行
編著者 田中健之
発行人 筑前太郎
発行所 アジア新聞社
〒一〇二-〇〇九三 東京都千代田区平河町二-一二-一 山口ビル二階
電話 〇三-六九一〇-〇八〇六 ＦＡＸ 〇三-三二三九-八九八九
カバー・表紙デザイン 佐々木祐希
印刷・製本 株式会社エーヴィスシステムズ

アジア新聞社ホームページ
https://www.asia-shimbun.com/
ご意見・ご感想をお寄せください。
e-mail:asiainfo.jimukyoku@gmail.com

©Takeyuki Tanaka
Published by Ajiasinbunnsya Publishing Co.,Ltd Printed in Japan
ISBN978-4-991961-2-6 C0020

落丁本・乱丁本は、送料小社負担でお取り替えいたします。
本書のコピー、スキャン、デジタル化等の無断複製は著作権法上での例外を除き禁じられています。本書を代行業者等の第三者に依頼してスキャンやデジタル化することは、たとえ個人や家庭内の利用であっても一切認められておりません。